Viagem para a Felicidade

Eduardo Punset

Viagem para a Felicidade

As novas descobertas da ciência

Tradução
Mário Vilela

Planeta

ACADEMIA DE Inteligência

Título original: El Viaje a la Felicidad

Revisão: Tulio Kawata
Diagramação: Equipe Planeta

Dados Internacionais de Catalogação na Publicação (CIP)
(Câmara Brasileira do Livro, SP, Brasil)

Punset, Eduardo
Viagem para a felicidade : as novas descobertas da ciência / Eduardo Punset ; tradução Mário Vilela. – São Paulo: Editora Planeta do Brasil, 2007.

Título original: El viaje a la felicidad : las nuevas claves científicas
Bibliografia.
ISBN 978-85-7665-261-8

1. Cérebro 2. Emoções 3. Felicidade 4. Inteligência emocional 5. Neurociências 6. Neuropsicologia 7. Processos mentais I. Título.

06-6560 CDD-612.8

Índices para catálogo sistemático:
1. Felicidade : Ciência da mente : Neurofisiologia humana 612.8

2007

vendas@editoraplaneta.com.br

Para Ticiana, minha neta mais nova.
E para a Pastora.
À primeira porque, apesar de sua condição humana, consegue enxergar a árvore e a floresta ao mesmo tempo. E à segunda porque, assim como os outros mamíferos não-humanos, não tem emoções ambivalentes.

Sumário

Prefácio

O salto tecnológico no mundo moderno tem sido espantoso. No passado, as notícias demoravam semanas ou meses para cruzar os continentes. Hoje, demoram frações de segundos. Tudo está muito rápido. Será que é possível aprender a ser feliz rapidamente? Não! Aprender a relaxar, ousar e se encantar com a existência é um processo lento e gradual.

Percorremos distâncias que a grande maioria dos homens do passado jamais percorreram. Estamos na era dos transportes aéreos. No passado, muitas pessoas morriam sem percorrer dez quilômetros além de suas casas. O espaço deles era pequeno, o nosso é enorme. Mas será que o território da emoção humana foi conquistado como conquistamos o mundo físico? Não! Muitos vivem asfixiados dentro de suas emoções tensas e ansiosas.

A cada cinco anos o conhecimento se multiplica, derrubando mitos, expandindo fronteiras. Antigas "verdades" científicas perdem crédito e são abandonadas. Mas será que o prazer de viver, a satisfação, a tranqüilidade e a serenidade podem ser abandonados? Não!

Milhões de pessoas esticam os lábios expressando sorrisos, mas seus sorrisos não brotam do cerne da alma. Falam o dia inteiro sobre esportes, economia, política, mas não sabem falar de si mesmos. Como ser feliz se não sabemos dialogar? Como ser feliz se sabemos navegar pela Internet, mas não pelas vielas da emoção?

Ser feliz não é ter uma vida isenta de perdas, frustrações, ansiedades e angústias. Mas é ter esperança mesmo após um dia de lágrimas. É viver intensamente, mesmo no leito de um hospital. É nunca deixar de sonhar, mesmo se houver pesadelos. É dialogar consigo mesmo, ainda que a solidão nos cercar.

É ser sempre jovem, mesmo se os cabelos embranquecerem. É fazer muito do pouco e não pouco do muito. É contar histórias para os filhos, mesmo se o tempo for escasso. É apostar nos amigos, mesmo que nos decepcionem. É agradecer muito, mesmo nos períodos de escassez. É transformar os erros em lições de vida.

Ser feliz é extrair das pequenas coisas grandes emoções. É encontrar todos os dias motivos para sorrir, mesmo se não existirem grandes fatos. É rir de suas próprias tolices. É ser um amigo do dia e um amante do sono. É fazer das coisas simples e anônimas um espetáculo aos olhos.

Ser feliz é trabalhar os avanços da ciência para promover o bem-estar, proteger a emoção contra os estímulos estressantes e gerenciar os pensamentos que nos perturbam. É aprender a ser líder do teatro de nossas mentes.

Neste livro, Eduardo Punset discorre sobre os diversos caminhos da felicidade. Leva o leitor a inúmeras viagens intelectuais, passando pelas neurociências, psicologia, filosofia e pelo belo e árido terreno das relações interpessoais. É um livro interessante, envolvente, que estimula a capacidade de pensar e questionar. É um convite para os que amam viajar, principalmente para dentro de si mesmos.

Augusto Cury
Médico psiquiatra, psicoterapeuta e escritor
Autor de *Treinando a Emoção para Ser Feliz* e
Pais Brilhantes, Professores Fascinantes

Introdução

Há pouco mais de um século, a expectativa de vida na Europa era de trinta anos, como o é hoje em Serra Leoa – apenas o suficiente para aprender a sobreviver, com sorte, e consumar o propósito evolutivo de reproduzir-se. Não havia futuro nem, portanto, a possibilidade de conceber um objetivo tão inimaginável como o de ser feliz. Este último era algo que se adiava para depois da morte e que dependia dos deuses.

A revolução científica desencadeou a mudança mais importante de toda a história da evolução: o prolongamento da expectativa de vida nos países desenvolvidos, o que, em termos evolutivos, nos rendeu quarenta anos mais. Os últimos experimentos realizados em laboratório apontam para a possibilidade de vivermos até quatrocentos anos. Pela primeira vez, a humanidade tem futuro e, obviamente, pensa em como ser feliz aqui e agora. As pessoas têm mergulhado nessas águas desconhecidas sem praticamente ajuda de ninguém. Com a singular exceção do preâmbulo da Constituição dos EUA, que estabelece o direito dos cidadãos a buscar a felicidade, não existe nada encaminhado para esse fim na prática do pensamento científico herdado. Agora, a comunidade científica tenta, pela primeira vez, iluminar o caminho.

A viagem à felicidade acaba de começar, e seu desfecho é incerto. Ocorre o paradoxo de que, justamente neste momento, a nata dos cientistas dá um grito de alerta: pairam ameaças letais de tal calibre que há apenas uns 50% de probabilidade de alcançarmos o objetivo da felicidade. Mesmo se soubéssemos como realizá-la, as ameaças globais provocadas pelo acúmulo e disseminação das armas nucleares, pelo colapso energético, pelas substâncias químicas e biológicas em mãos de terroristas, pelo uso desvirtuado da manipulação genética, da nanotecnologia e da robótica criam obstáculos na viagem à felicidade. Diferentemente dos imponderáveis do passado (que eram de origem natural), os atuais são induzidos pela mente humana, que hoje até conseguiria percorrer o caminho da felicidade, se a deixassem fazê-lo.

Este livro foi escrito no âmbito de meu fascínio pelo impacto da ciência sobre o cotidiano das pessoas. Seu objetivo é muito simples: pôr ao alcance do leitor as descobertas científicas mais recentes sobre a busca da felicidade. Em sua maioria, esses impactos têm sido comprovados empiricamente, em humanos e em outros animais; entretanto, ainda não transcorreu tempo suficiente para que fossem reconhecidos pelo grosso da população, nem aproveitados conscientemente nos comportamentos do século XXI.

Capítulo 1

A felicidade é uma despesa de manutenção

Felicidade e recursos

A felicidade constitui um estado emocional que é ativado pelo sistema límbico e em que, ao contrário do que muita gente pensa, o cérebro consciente tem pouca influência. Tal qual ocorre aos bilhões de membranas que protegem seus respectivos núcleos e que fazem de nosso organismo uma comunidade ambulante de células, o cérebro consciente infelizmente percebe tarde demais quando uma dessas células resolve atuar como terrorista – um tumor cancerígeno, por exemplo, que decide por sua conta e risco prescindir da comunicação solidária com o meio, à custa de pôr em perigo toda a coletividade.

Os milhares de agressões que as células sofrem ao longo do dia, assim como os processos regenerativos ou reparadores automaticamente postos para funcionar, também escapam à capacidade consciente do cérebro. Nos aspectos essenciais, estamos pré-programados, ainda que imperfeitamente. Hoje, após décadas de estudos dedicados à drosófila (a mosquinha-das-frutas, estranha companheira de viagem com quem compartilhamos boa parte de nossa herança genética), descobriu-se uma proteína chamada CREB, que influencia poderosamente a transformação da informação em memória de longo prazo. Ela também afeta outras áreas do comportamento, como nossos instintos maternos e nossos ritmos de sono e vigília. Isso faz pensar que o mecanismo molecular envolvido nos processos da memória e do aprendizado se conservou praticamente intacto. Aí surge o problema da busca da felicidade condicionada à genética e às emoções programadas e vulneráveis. Não é a única instância em que preferiríamos que o trabalho da evolução houvesse culminado de outra maneira, em vez de ter sido o resultado da convergência evolutiva. O sistema visual dos humanos é um bom exemplo disso.

Por outro lado, o limitado papel desempenhado pelo cérebro consciente nos processos celulares não implica que se possa viver à margem deles. O estresse (através dos fluxos hormonais), a poluição atmosférica ou a ação do oxigênio afetam diretamente as células ou os restos de células. As decisões conscientes (como deixar de fumar) contribuem para diminuir o número de agressões; e as ações que tendem a reforçar os processos reparadores (como ingerir antioxidantes) podem também determinar a longevidade das células.

O mesmo ocorre com as emoções. A origem delas, na parte não-consciente do cérebro, não significa que se possa viver à margem do sistema límbico. Apesar da relativa incompatibilidade entre os códigos primitivos que emanam da amígdala e do hipotálamo, por um lado, e do neocórtex, por outro; apesar da fúria avassaladora dos instintos sobre o pensamento lógico ou racional; apesar do escasso conhecimento acumulado sobre os processos e a inteligência emocional no referente às atividades localizadas no córtex superior do cérebro – apesar de tudo isso, seria absurdo acreditar que se possa viver à margem das emoções. Não obstante, foi esse o modelo escolhido pelos humanos desde a aurora da história do pensamento, mesmo a partir daquela etapa "civilizada" que, graças à invenção da escrita, tem início nos tempos babilônicos. Tal modelo perdurou até menos de uma década atrás. Donde o século XX ter-nos deixado a impressão de "falta de esplendor", como me disse certa vez o pintor hiper-realista espanhol Antonio López García.

Essa falta de esplendor obedece a razões que vão muito além do erro (característico de todas as grandes religiões e dos pensadores gregos como Platão) de terem caracterizado especificamente as emoções como o componente irracional e detestável do ser humano. Mais: até bem poucos anos atrás, a comunidade científica também depreciava o estudo do sistema emocional como algo volúvel, difícil de avaliar e, portanto, alheio a seu campo de pesquisa. A verdade, porém, é que a falta de esplendor a que Antonio López García se referia, a qual tolda o olhar das pessoas em pleno século XXI, tem causas biológicas profundas. A falta de esplendor é o reflexo da notória ausência de uma emoção chamada felicidade, já que os humanos (em vista de razões que serão analisados a seguir) suportam por causas estritamente evolutivas um déficit inesperado desse bem.

Todos os organismos vivos enfrentam uma escolha crucial: precisam resolver qual parte de seus limitados recursos dedicar aos investimentos que garantem a perpetuação da espécie e qual parte de seus esforços destinar à mera manutenção do organismo. Qualquer equívoco na solução desse dilema é pago (por meio da seleção natural) com o desaparecimento da espécie. Não se podem cometer erros; quando estes são cometidos, os critérios de adaptação ao meio premiam outras espécies que, porventura, não tenham incorrido neles. Os animais extraem sua energia do oxigênio, o qual reage com os compostos ricos em hidrogênio desses mesmos animais, da mesma maneira que uma chama se mantém "viva" enquanto seu combustível (rico em hidrogênio) conta com comburente (oxigênio) suficiente. Mas, como explica Dorion Sagan (filho do famoso astrônomo Carl Sagan e da bióloga Lynn Margulis), para além da manutenção de uma forma determinada durante um período relativamente curto, como ocorre com uma chama bruxuleante, a "fogueira" dos organismos comporta a reprodução da forma e das funções deles para a posteridade.

Em alguns casos, esse investimento acarreta custos extraordinários. É o que acontece com os ratos marsupiais australianos da espécie *Antechinus stuarti*. A vida deles é uma batalha entre os machos para conseguir fêmeas com as quais copular durante doze horas seguidas. Nessa batalha, eles consomem a saúde dos principais órgãos e a própria vida, que se apaga no decorrer de um único período de acasalamento. No caso das longevas tartarugas, a evolução tornou compatível o aparentemente contraditório: graças à drástica redução de despesas de manutenção possibilitada pela hibernação, o considerável investimento reprodutivo que é encontrar parceiro para um animal que necessita de muito tempo para percorrer seu hábitat se concilia com a despesa de manutenção, ainda mais vultosa, para conservar o organismo vivo durante muitos anos. Ou seja, a longevidade das tartarugas, que se mostra bem necessária (dada a clamorosa lentidão de seus movimentos) e é fomentada pela sofisticada carapaça protetora, não teria podido financiar-se sem as folgas proporcionadas pelo gasto zero em manutenção enquanto esses animais hibernam.

Como propõe o gerontólogo Tom Kirkwood (Universidade de Newcastle, Inglaterra), a seleção natural alcança o melhor equilíbrio entre a energia gasta na reprodução e a consumida na manutenção quando qualquer melhora na reprodução é contrabalançada por uma perda equivalente da capacidade de sobrevivência. Nessas condições, é fácil entender por que as espécies têm expectativas de vida diferentes. Os animais expostos a risco elevado investirão pouco em manutenção e muito em reprodução; já os organismos expostos a baixo grau de risco agirão do modo contrário.

Como eu dizia, uma carapaça como a da tartaruga protege contra os predadores e muitos acidentes. Para esse animal, não tem sentido gastar pouco em manutenção e envelhecer depressa porque, sendo elevada a expectativa de vida, vale a pena investir um pouco nos recursos de manutenção e, assim, não desperdiçar as possibilidades de proteção que a carapaça oferece a longo prazo.

Os morcegos, tendo partido da condição de roedores e desenvolvido a capacidade de voar, vivem mais que os ratos, que continuam rastejando pela terra. Entretanto, os morcegos também se reproduzem mais devagar. No geral, as aves vivem mais que os animais que habitam abrigos subterrâneos, e as aves que não voam vivem menos que as demais.

Os hominídeos se caracterizam por um sistema de reprodução tremendamente ineficaz e, portanto, oneroso. A reprodução sexuada (diferentemente da autoclonagem, como a das estrelas-do-mar) implica que, em vez de reproduzir um ser com base em outro, é necessário haver dois para que nasça um terceiro. A perpetuação da espécie exige superar duas barreiras quase intransponíveis: a vulnerabilidade extrema que deriva de uma infância muito longa, suscitada pelo nascimento prematuro; e a busca aleatória e terrivelmente custosa de um parceiro. Os investimentos do organismo nas tarefas de reprodução eram, e continuam sendo, vultosos: a busca do parceiro, freqüentemente infrutífera, em outra família ou tribo, busca à qual se lança expondo-se a represálias; a puberdade tardia, poucos anos antes de expirar a expectativa de vida (inferior, repetimos, a trinta anos até pouco menos de um século e meio atrás); exíguos períodos de fertilidade nas fêmeas; e gestações longas e freqüentemente improdutivas.

Para a espécie humana, cujo organismo encara investimentos vitais para superar todos os obstáculos, mostrava-se contraproducente investir excessivamente em manter um organismo que, de todo o modo, não passaria dos trinta. Compatibilizar o altíssimo custo de reprodução com a efêmera expectativa de vida era o que se exigia dos recursos destinados à manutenção e, portanto, à felicidade. Bastava um sistema imunológico que, bem ou mal, fizesse frente às infecções externas clássicas e conhecidas, transmitidas pelos insetos sociais; ou que contasse com os mecanismos elementares para cicatrizar aquelas feridas freqüentes nos meios primitivos.

Nesse desenho biológico (quando a vida se esgotava logo, sem tempo sequer para garantir a reprodução), não tinha sentido incluir nos cálculos os efeitos do desgaste celular provocado pela idade madura, pela acumulação de células indesejáveis ou pelas mutações nos cromossomos e mitocôndrias. Não entrava nas contas evolutivas a fixação de objetivos como preservar a saúde ou alcançar a felicidade. Quando sobrava algum recurso, era mais lógico destiná-lo aos pesados encargos da reprodução. O objetivo de uma vida com felicidade e sem problemas ficava para o além. Este, sim, era um futuro de plena bonança, para todo o sempre. Quase sem investimento, supunha-se que todos os gastos se concentrariam na pura e simples manutenção *per saecula saeculorum*. Aos governos, aliás, sempre foi conveniente que os súditos postergassem a felicidade para a outra vida; que sirva de tétrico exemplo o uso de bósnios muçulmanos pelas tropas nazistas em suas operações de conquista, valendo-se estas da eficiência bélica dos que sacrificavam a vida sabendo que o paraíso seria a recompensa depois da morte.

Duas revoluções

Subverteram esse modelo duas revoluções históricas, sendo uma conceitual e outra fisiológica. Na primeira (a darwiniana, com a publicação em 1859 de *A origem das espécies por meio da seleção natural*), o surpreendente é que ela corrobora a lentidão, a morosidade quase genética, da mudança cultural. Foi preciso que se passassem nada menos que 150 anos para aquele livro (o qual teve êxito imediato e espetacular para a época) finalmente calar fundo na mente dos cidadãos ilustrados, até gerar o atual consenso, pelo menos na comunidade científica do planeta. A propósito desse assunto, cito uma conversa com o paleontólogo francês Yves Coppens, membro da Real Academia de Ciencias (Espanha), professor do Collège de France e co-descobridor (com Donald Johanson, atual diretor do Institute of Human Origins da Universidade Estadual do Arizona) do fóssil de Lucy, o mais antigo hominídeo então conhecido, uma *Australopithecus afarensis* de mais de 3 milhões de anos.

> Quando escavamos em busca de fósseis [disse-me Yves Coppens, enquanto seu rosto se refletia na imponente mesa da sala do Collège], quase sempre se repete o mesmo processo. Identificamos primeiro uma mudança biológica no esqueleto. Pouco depois, descobrimos o impacto técnico disso – uma melhora das ferramentas, por exemplo. No entanto, a mudança cultural que resulta em novos esquemas organizacionais ou novas representações do mundo exterior pode demorar milhares de anos.

O fato é que, nos tempos de Darwin, o pensamento convencional evoluía num cenário limitado pela brevidade do tempo: apenas os 4 mil anos em que, com base no relato bíblico, se calculara a história do universo. Naquele cenário, moviam-se alguns arquétipos inalteráveis: o do homem, o da mulher, o do cavalo ou o do gato, todos criados por Deus. Como expressou em termos vívidos o zoólogo e divulgador científico britânico Henry Gee, a música celestial eram os arquétipos, e qualquer variação, mutação ou aumento da diversidade não passava de puro ruído. Trinta anos antes da publicação de *A origem das espécies*, Darwin já sabia que esse cenário herdado não coincidia com a realidade observada da evolução que, a partir de microorganismos, avançara incessantemente para uma avassaladora diversidade de espécies, todas movidas pelas mutações aleatórias e pela adaptação ao meio. Os arquétipos (vinha dizer Darwin) são imagens efêmeras, o *ruído* da história da evolução; a diversidade é que é a *música*.

Pergunta: por que Darwin precisou esperar quase trinta anos para, com a prudência que o caracterizava, difundir suas novas idéias sobre a evolução? Resposta: simplesmente, precisou esperar que os geólogos demonstrassem que a origem do universo, longe de remontar a apenas 4 mil anos (como afirmavam os estudos bíblicos), podia chegar a uns 14 bilhões de anos. Se o universo contasse apenas 4 mil anos, obviamente não teria cabimento a história da evolução da vida tal qual Darwin a pressupunha. Já em 14 bilhões de anos, haveria tempo o bastante para que a luz surgisse 300 mil anos após o início do universo, a matéria galáctica se condensasse pouco depois, o sistema solar se formasse há uns 5 bilhões de anos, as primeiras bactérias aparecessem alguns milhões de anos mais tarde, e a elas se sucedessem as plantas, protistas, artrópodes, tetrápodes, répteis, mamíferos, primatas sociais e hominídeos. A diversidade e a evolução são as características básicas da vida biológica.

Em princípios do século XVII, o filósofo e médico inglês Francis Bacon, com sua inteligência premonitória, já prevenia: "Cientes da variabilidade que há na natureza – e das razões que a motivam –, será muito simples usarmos o conhecimento para nós mesmos a conduzirmos até o ponto ao qual o acaso a levou". Quatro séculos atrás, Bacon antevia a era do controle biológico que adentramos agora. Mais: o mundo não estava povoado por uns arquétipos clonados, clonáveis e invariáveis que eram determinados por leis divinas. Agora, sabia-se que as espécies podiam evoluir até se configurarem de maneira distinta, fixando para si mesmas objetivos novos que nunca antes haviam sido previstos. A segunda revolução (a de caráter fisiológico) criou os respaldos necessários para que tais mudanças se cristalizassem.

Caso se pergunte às pessoas comuns ou mesmo à comunidade científica, imersa em suas pesquisas, o acontecimento mais singular e crucial de toda a história da evolução desde a origem da vida, poucos acertarão respondendo que se trata da triplicação da expectativa de vida nos países desenvolvidos em menos de duzentos anos. Subitamente, os seres humanos, tanto os homens quanto as mulheres (estas um pouco mais), dispõem de quarenta anos adicionais após terem cumprido as tarefas reprodutivas. Nunca ocorrera nada parecido em nenhuma espécie; muito menos em tão pouco tempo, sem necessidade de nenhuma mutação aleatória (ou melhor, *apesar* das numerosas mutações que cada geração carrega). O fenômeno não tem precedentes, e a revolucionária descoberta de que não estamos programados para morrer está muito longe de penetrar a consciência humana e, menos ainda, a programação e os mecanismos decisórios das instituições sociais e políticas.

O futuro deixou de ser monopólio da juventude. Em muitos países, as pessoas maduras, e não os jovens, já são maioria. Os descendentes daqueles que, há meio milhão de anos, habitavam o sítio paleontológico de Atapuerca, na Espanha (ancestrais cujos narizes aumentados e olhos apequenados pelo retraimento da epiderme já os denunciavam como velhos aos trinta anos, quando sua vida se extinguia), dispõem agora de inéditos cinqüenta anos extras. Pela primeira vez na história da evolução, eles têm futuro aqui e agora.

Obviamente, a espécie (após cumpridas as funções reprodutivas) dedicará esforços e recursos sem fim para preencher a lacuna da manutenção. Em primeiríssimo lugar, tratará da despesa fundamental de manutenção que são os fatores que, certamente, contribuem para aquela felicidade até agora relegada à outra vida. Junta ou conjuntamente com a felicidade, figuram outros objetivos, como a melhora da qualidade de vida para além de seu simples prolongamento; a saúde e o controle biológico; a modificação do sistema imunológico para que, em vez de fracassar ou omitir-se (ou de reagir contra o próprio organismo, como acontece nas doenças auto-imunes), ele atue contra as doenças degenerativas características da idade madura,; o ócio e o lazer; a interação com aqueles semelhantes com os quais antes se "confraternizava" tão-somente nas guerras; a interação com as máquinas, pesquisando métodos para fundir-se a elas; o aprofundamento na gestão de suas próprias emoções, aí incluída a inteligência emocional (definida pela primeira vez em 1990, num artigo científico de John D. Mayer e Peter Salovey, e depois popularizada por Daniel Goleman); a planificação de um futuro individual e coletivo para o qual antes não havia lugar.

Tudo isso exige intensificar ao extremo a revolução científica em curso, muito embora ainda não sejamos capazes nem de formular algumas das perguntas fundamentais a que responderemos no futuro. Nas palavras de *Sir* John Maddox, físico e prestigiado jornalista científico britânico, "toda descoberta, ao aprimorar nossos conhecimentos atuais, também amplia as fronteiras de nossa ignorância". Maddox aponta algumas das incógnitas que aguardam resposta mais urgente da comunidade científica: ainda mal vislumbramos como se organiza o torvelinho de células nervosas que habitam nosso cérebro para constituírem seres humanos pensantes; sabemos quando começou a vida no planeta Terra, mas não como; o genoma humano será o portão de acesso a um conhecimento extraordinário, que possibilitará conceber medicamentos e curas preventivas para muitas das enfermidades que hoje ceifam a vida de milhões; graças em parte a uma interdisciplinaridade revolucionária e crescente, insistiremos no estudo da influência do meio sobre a herança genética; até mesmo a descrição física do universo tal como se expôs ao longo do século XX tem buracos negros por resolver (entre muitos outros mistérios fundamentais, a reconciliação da mecânica quântica com a teoria da gravitação de Albert Einstein). Poderão as leis da física ser unificadas? Qual é a base biológica da consciência? Qual será a expectativa de vida dos seres humanos? O que controla a regeneração de nossos órgãos? Estamos sós no universo? Como se armazenam e se despertam as lembranças na memória? Qual fonte de energia substituirá o petróleo? O que provoca a esquizofrenia e o autismo?

Tal qual uma multidão fantasmagórica, há no ar um sem-número de perguntas com as quais, consciente ou inconscientemente, convivemos de modo inevitável (no caso de algumas delas, há séculos). Espreitam-nos respostas imprescindíveis para nos livrarmos dos preconceitos arraigados em nossas mentes arcaicas e reformarmos os sistemas sociais, religiosos, econômicos ou políticos que determinam a qualidade de vida de todos os seres do planeta e que continuam sendo obstáculos imensos na árdua viagem à felicidade.

Acima de tudo, os novos hominídeos, pela primeira vez dotados de futuro, exigirão também do Estado, sem mais tergiversações, que ele elimine seus déficits intoleráveis na manutenção de infra-estruturas logísticas e sociais. É absolutamente desproporcional, por exemplo, a relação entre a despesa de manutenção necessária para conservar florestas e o indescritível sofrimento infligido à natureza e às pessoas com os incêndios a cada verão. Os modestos gastos de conservação imprescindíveis para evitar os acidentes de trânsito nem se comparam à enxurrada de mortos e tetraplégicos que esses acidentes provocam todos os fins de semana. São indesculpáveis a aflição e o desamparo sofridos pelo cidadão que, embora cumpra suas obrigações tributárias, é vítima da delinqüência porque faltam recursos destinados a um sistema policial e jurídico mais eficaz. Não é preciso ser adivinho para prever que, já estabelecida a necessidade de compensar em nível biológico as carências de manutenção, a mesma demanda acabará contaminando a oferta coletiva de serviços, assolada (em grau ainda maior) pelo mesmo mal.

É curioso que outro tipo de pesquisa, originado em cenários diferentes (entre eles, o laboratório do psicólogo positivista Martin Seligman, na Universidade da Pensilvânia), aponte na mesma direção. A psicologia moderna, ao estudar as bases da felicidade, distingue duas fontes: de um lado, o prazer; de outro, o sentido que este ou aquele engajamento dá à vida. Segundo Seligman, a felicidade originada do prazer termina junto com ele e "se perde sob as ondas do devir". Para que a felicidade dure mais que um instante, é preciso que ela seja fruto não só do prazer, mas também do sentido ou significado que um engajamento dá à vida. É justamente isso (de acordo com cientistas como Mihaly Csikszentmihalyi, professor de psicologia da Universidade de Chicago) que produz o fluxo que desemboca na felicidade. Trata-se de um fluxo concentrado que não está longe do padrão de vivermos mergulhados em sucessivas obsessões. Outros psicólogos positivistas apontam para uma escala de valores, algo tão intangível nos tempos atuais. De acordo com essa inovadora teoria da psicologia moderna (teoria cujas raízes seria fácil identificar em escolas de pensamento não tão modernas), o aumento dos níveis de infelicidade no mundo de hoje se explicaria pelo investimento excessivo em bens materiais, em detrimento de valores de manutenção mais impalpáveis.

Quando se analisa o paradoxo do declínio dos níveis de felicidade (como exposto no capítulo 6) num mundo onde não pára de aumentar o padrão dos bens e do equipamento produzidos, chega-se também à conclusão de que a sociedade moderna investiu demais em geladeiras, lava-louças, carros, guindastes, estradas ou equipamento digital e muito pouco em valores intangíveis como a felicidade ou o compromisso com os outros. A psicologia e a neurologia contemporâneas estão confirmando o que outros cientistas e alguns pouquíssimos filósofos intuíram há tempos: em algumas espécies e organismos, fazem-se investimentos excessivos, ao mesmo tempo que se dedicam escassos recursos à manutenção. A felicidade não depende tanto do nível de investimento na perpetuação e no aparelhamento da espécie quanto de algo menos palpável, caracterizado por atitudes e valores vinculados à manutenção da espécie em condições sustentáveis.

Capítulo 2

A felicidade nas amebas, nos répteis e nos mamíferos não-humanos

Em busca das origens

À luz do título deste capítulo, mais de um leitor estranhará que se investiguem nos répteis e nos mamíferos não-humanos as manifestações de um fenômeno tão complexo e caracteristicamente humano como a felicidade. De fato, será que se pode aprender com o comportamento dos répteis e dos mamíferos algo que sirva para os humanos se situarem melhor em sua viagem à felicidade? Minha resposta não só consiste em responder com um sonoro "Sim!", mas também em sugerir que nessa viagem já ficaram vestígios muito anteriores, os quais remontam a antecessores diretos nossos, como os peixes, e a outros ainda mais distantes, como as amebas e as bactérias.

Com exceção do neocórtex (a parte do cérebro que mais se desenvolveu nos primatas e nos hominídeos durante o curso mais recente da evolução), é muito difícil distinguir à primeira vista as diferenças anatômicas entre o cérebro de um porco e o de um homem ou mulher. Continuamos mantendo a mesma estrutura do cérebro reptiliano, responsável pelas funções básicas para sobreviver; do cérebro paleomamífero (aí incluída a amígdala), gestor das emoções, o qual veio dos mamíferos que nos precederam (como os ratos); e desenvolvemos o neocórtex em maior medida que os demais primatas sociais (como os chimpanzés), embora ainda não se entenda de todo as razões disso. Que ninguém se deixe enganar: não se trata de três cérebros separados que a evolução foi acumulando em saltos sucessivos, tornando inúteis os anteriores à medida que se consolidava o mais recente. Não é nada semelhante ao que ocorria com a espiral dos amonites, que, rumo à maturidade, iam tapando a cada volta do caracol os espaços redundantes da concha. (Os amonites viveram no Cretáceo e no Jurássico, mas ainda hoje existem alguns moluscos, do gênero *Nautilus*, que, tal qual os amonites, vão selando os tabiques das câmaras anteriores à medida que constroem outra maior para abrigar seu corpo, que vai crescendo, e utilizam como bóia essa carapaça "sem bicho", repleta de gás mais leve que a água.)

No caso dos primatas sociais, os três cérebros continuam ativos e plenamente integrados. Tanto que o neocórtex se assemelha a esses espaços silenciosos e cheios de computadores que as empresas modernas, para concentrar e garantir seus sistemas de interconectividade, alugam nos parques industriais adjacentes às grandes cidades. Se alguém se empenhasse em definir a ordem de prioridades dos três cérebros, acabaria tendo de afirmar que, em linguagem empresarial, os dois primeiros (o reptiliano e o paleomamífero) assinaram um contrato de conectividade em regime de *outsourcing* com o terceiro (o mais recente, também chamado neomamífero), já que nenhum dos três se garante sozinho.

Sendo essa a realidade, a pergunta do início deste capítulo deveria ser exatamente a oposta: pode alguém interessado em remover os obstáculos na viagem à felicidade desdenhar a experiência acumulada pelos órgãos pioneiros da gestão emocional? Acaso se pode acreditar que o segredo da felicidade remonta apenas ao que ocorreu durante os últimos 2 milhões de anos com um ramo específico dos hominídeos, o qual herdou dos pioneiros alguns órgãos gestores das emoções?

Para a grande maioria dos cientistas, até poucos anos atrás, os animais não-humanos eram meras máquinas que reagiam a estímulos externos. Para o pensamento então em voga, os animais não tinham nem emoções, nem inteligência, nem consciência; tinham, isto sim, apenas comportamentos induzidos por recompensas ou castigos que o meio lhes impunha. Hoje, o consenso científico aponta na direção oposta, referendada por John Bonner, professor emérito de ecologia e biologia evolutiva na Universidade de Princeton:

> Creio que toda inteligência, seja animal, seja humana, é um contínuo; a questão é só de grau. Aplico o mesmo raciocínio à consciência. Um velho amigo meu, o biólogo Donald Griffin, reformulou a grande questão de serem ou não os humanos os únicos seres conscientes, perguntando: como sabemos que os animais não são conscientes de seus atos?

Eu cometeria uma falha imperdoável se não chamasse a atenção dos leitores para o fascinante caso dos chamados mofos mucilaginosos. Entre outras coisas, nós, ao contemplá-los, estamos muito mais perto de desvendar um dos grandes mistérios da vida: de que modo foi possível dar o salto dos organismos unicelulares como as bactérias para os organismos pluricelulares como os artrópodes, os répteis e os mamíferos?

Sob esse nome um tanto repugnante, "mofo mucilaginoso", escondem-se alguns seres muito peculiares, de colorida beleza, que os micólogos definem como fungos e os zoólogos como animais. Poderiam não ser nem uma coisa nem outra, passando então a ser simplesmente considerados protistas. Existem dois grandes grupos desses mofos: os plasmodiais e os celulares. Os primeiros adotam a forma de uma ameba gigante, chamada plasmódio, que contém milhares de núcleos. Os maiores plasmódios chegam a ocupar uma área de dois metros quadrados e são as maiores células indivisíveis que conhecemos. Têm cores brilhantes, como amarelo, castanho e branco. Embora pareça incrível, os plasmódios são capazes de achar o caminho mais curto através de um labirinto, no que constitui interessante exemplo de processamento de informação sem a participação de nenhum sistema nervoso.

No Japão, realizaram a primeira demonstração experimental disso colocando certo mofo plasmodial (um *Physarum polycephalum*) num labirinto de dez centímetros quadrados com quatro trajetórias possíveis. Em condições normais, o mofo estendia por toda a superfície disponível uma rede de "patas" tubulares, os chamados pseudópodes. Mas, quando o mofo foi tentado com dois montículos de comida (flocos de aveia moída) situados em duas das saídas do labirinto, ele modificou o próprio corpo e adotou a trajetória mais curta possível. O mofo alterou sua forma para maximizar a eficiência na busca de alimentos e, com isso, melhorar as possibilidades de sobrevivência. A presença de comida originou um incremento local das estruturas tubulares do organismo que lhe servem de "esqueleto", impulsionando-o para o alimento. Quando se publicaram tais resultados na *Nature* (uma das mais prestigiosas revistas científicas do mundo), os pesquisadores escreveram: “Esse notável processo de cálculo celular implica que os materiais celulares podem exibir uma inteligência primitiva”. Quanta razão tinha aquele biólogo amigo de John Bonner ao dizer que ninguém pode ter certeza de que os animais não possuem consciência!

A fantástica história dos outros mucilaginosos celulares, os celulares (ou amebas sociais), tampouco fica atrás. Quando há comida suficiente e são adequadas as condições de temperatura e umidade, eles se comportam como células amebóides individuais, que se deslocam pelo chão das florestas comendo alegremente bactérias e leveduras e reproduzindo-se pelo método mais simples, qual seja, uma célula-mãe que se divide em duas células-filhas idênticas. Todavia, quando mudam as condições e se produz uma situação de estresse (quando há, por exemplo, escassez de comida), alguns deles lançam um grito de angústia, que resulta em umas tantas moléculas desta ou daquela substância procedente da química celular, como o monofosfato de adenosina cíclico (AMP). John Bonner, que estudou os mofos mucilaginosos celulares durante mais de cinqüenta anos, deu ao AMP (uma molécula marcadora ou quimiotáctica) a designação genérica de acrasina (de Acrasia, nome da bruxa que, no poema narrativo quinhentista *A rainha das fadas*, de Edmund Spenser, atraía os homens para transformá-los em animais). Esse sinal químico permite que dezenas de milhares daquelas amebas de vida individual se unam e formem um organismo pluricelular.

Tal estrutura composta de amebas individuais, que costuma medir entre dois e quatro milímetros de comprimento, chama-se pseudoplasmódio. Não é uma simples massa de células:

ao unirem-se, as diferentes amebas, que individualmente são idênticas, se distribuem em tecidos diferenciados; criam-se um interior e uma cobertura viscosa, mais a zona anterior e a posterior, ou seja, uma cabeça e uma cauda bem definidas. Suas células podem morrer e reproduzir-se, como as de nosso corpo. Esse pseudoplasmódio migra para a luz locomovendo-se pelo solo e, quando chega a uma área suficientemente iluminada da floresta, deixa de movimentar-se.

Aí, reestrutura-se para adotar uma nova forma, que lhe servirá para reproduzir-se e que se parece muitíssimo com as estruturas reprodutivas habituais dos fungos. É o chamado corpo frutífero, que consiste num talo que se presta a manter a aproximadamente um centímetro do solo a bola de esporos que ele sustém na parte superior. As células que formaram o talo morrem quando este está concluído, e os esporos são células protegidas por paredes muito resistentes de celulose. Demonstrou-se que existe uma correspondência entre os tecidos do pseudoplasmódio e as duas partes do corpo frutífero. Os esporos se espalham pelos arredores e voltam a ser amebas de vida individual quando a comida torna a ser abundante.

Dado que todas as células de mofo mucilaginoso que crescem numa mesma zona da floresta possuem carga genética idêntica, pode-se afirmar que o conjunto inteiro constitui um único organismo, cujas células vivem juntas ou separadas em função das condições ambientais. Por causa disso e do fato de que esses singulares organismos se cultivam facilmente e não são patogênicos, eles servem de modelo em estudos de comunicação e diferenciação celular e de apoptose (morte celular programada). Os pesquisadores estão convencidos de que o estudo de tais organismos pode lançar muita luz sobre os processos biológicos que possibilitaram o surgimento de seres pluricelulares a partir de células individuais. Como não podia deixar de ser, esse estudo também ilustra etapas essenciais na viagem dos humanos à felicidade; por exemplo, a adaptação do estado social (solitário ou acompanhado) às condições do meio (abundância ou escassez).

Nas páginas seguintes, apresentaremos outros exemplos do que John Bonner tinha em mente e que, *en passant*, comprovam que, no estudo comparativo da vida emocional dos animais, as pistas para a viagem à felicidade dos humanos são mais abundantes do que em muitos manuais de auto-ajuda hoje utilizados. Provavelmente, a maneira mais simples de aproveitar a experiência acumulada durante centenas de milhões de anos pelos outros animais consiste em abordar primeiro os traços que permanecem comuns a eles e a nós. Depois, identificar-se-ão ensinamentos não menos úteis, avaliando os traços claramente diferenciais.

O QUE NOS UNE

Pista número 1
A felicidade se esconde na sala de espera da felicidade

Ao dar de comer à minha cadela Pastora, sempre ocorria algo que eu não conseguia entender. Na hora da comida, enquanto me dirigia ao terraço para recolher o prato dela, Pastora começava uma dança alucinante, fruto da alegria e felicidade de que era subitamente tomada. Não só abanava a cauda sem parar, como também pulava a meu redor, interpondo-se no caminho até a cozinha, onde eu guardava a ração. De nada adiantava eu dizer carinhosamente: "Calma, Pastorita, assim você não me deixa passar!". Quando eu conseguia chegar à cozinha para apanhar no saco dois punhados de ração e juntar um pouco de presunto cozido, ela se acalmava por um momento, sentando junto à porta para contemplar a operação. Se eu (para exasperá-la um pouco) demorava mais do que devia, ela já dava um latido de advertência.

Enquanto eu, com o prato cheio na mão, iniciava o caminho de volta para o terraço, Pastora reiniciava o festival de saltos e giros em torno de mim. Mas, quando eu colocava o prato no chão, ela se transformava em outro animal: parava de pular; punha quase lentamente o focinho no prato para verificar se eu não me esquecera de colocar o pedaço de presunto no meio da ração; deixava de abanar o rabo; e, surpreendentemente, não importando se terminava ou não a comida, ela já perdera a emoção que a invadia alguns instantes antes. Como era possível que se emocionasse mais com a iminência da comida do que com a própria comida? O pouco (ou nenhum) tempo que dedicava a degustar o que tanto ansiara só aumentava minha estranheza. "Será pela escassez de células gustativas em comparação às olfativas?", eu perguntava a mim mesmo, na tentativa de explicar o mistério.

Anos depois, aprendi que, no hipotálamo de seu cérebro e no dos humanos, está o que os cientistas denominam circuito da busca. Ele alerta para os estímulos do prazer e da felicidade e se ativa apenas durante a busca por alimento, e não (ao contrário do que seria de esperar) durante o ato de comer propriamente dito. Na busca, na expectativa, é que reside a maior parte da felicidade. Posteriormente, aquelas imperfeições do sistema de prognóstico afetivo às quais se refere Daniel Gilbert (catedrático de psicologia na Universidade Harvard) e aquelas defasagens entre a utopia e a realidade de que fala Semir Zeki (catedrático de neurologia no University College, Londres) já se encarregam de apagar o êxtase do circuito da busca.

Graças a estudos recentes do DNA dos cães, estimou-se que esses animais convivem com humanos há uns 100 mil anos. Até da perspectiva do tempo geológico, trata-se de um período longo o bastante para que o hominídeo (provido de um hipotálamo quase idêntico ao de seu melhor amigo) tenha podido tirar daí conclusões úteis para sua própria vida emocional, em vez de continuar matutando (como nos ocorre agora mesmo) por que a expectativa de um encontro sexual ou de um emprego novo e muito desejado supera em muito a felicidade do próprio acontecimento. Em todo o caso, não parece arriscado aventar que as pessoas condicionadas pelo hábito das resoluções e ações instantâneas perdem grande parte da felicidade, a qual reside no circuito da busca. Em resumo: a felicidade se esconde na sala de espera da felicidade.

Pista número 2

O conhecimento se adquire observando os demais

Durante anos, o processo de aprendizado imposto aos animais nos laboratórios se baseou em ativar o sistema de estímulo-resposta. Toda vez que o animal reagia a um estímulo do modo esperado, ele recebia uma recompensa; em caso contrário, um castigo. Se o rato pressionava uma alavanca situada em seu cubículo, abria-se a comporta da comida. Senão, ele passava fome ou, pior ainda, levava choque. Trata-se de sistemas de aprendizado por tentativa e erro. Era evidente que essa não podia ser a única maneira de aprender numa vida em estado selvagem. Se os ratos só tivessem aprendido a identificar o gato e desconfiar dele testando o que aconteceria caso não fugissem ao encontrá-lo, muito poucos ratos poderiam ter aplicado o aprendido, e somente poderiam contá-lo os afortunados que houvessem tido a oportunidade de ver o que se passava com seus malfadados companheiros.

Em outras palavras, existe outro sistema de aprendizado observacional, o qual requer grande esforço mas acarreta menos riscos que aprender com os erros fatais. Quando criança, eu gostava de descer até o rio para pegar peixe com as mãos (não era pesca, claro), tirando-os de debaixo das pedras, onde se refugiavam quando algum bando de mal-intencionados entrava na água. As pedras não eram um santuário para os peixes, mas constituíam o lugar menos inseguro de um rio estreito, raso e pouco caudaloso, que formava sucessivas poças de água parada, naquela região montanhosa e árida da Catalunha. Com toda a certeza, esses peixes tinham observado que seus genitores salvaram-se repetidas vezes ao se esconder sob as pedras, em vez de tentar escapar entre os pés descalços dos invasores ou terminar na grelha para checar o que aconteceria caso fossem capturados por aqueles selvagens que chapinhavam ali. Em algumas ocasiões, reagiam assim movidos pelo medo que a irrupção de tantos garotos no rio produzia; em outras, eles o faziam porque, observando outros peixes, haviam aprendido que a melhor maneira de pôr-se a salvo era resguardar-se debaixo de uma pedra. Pois bem: quase sessenta anos depois, a pesquisadora americana Irene Pepperberg aplicou o método observacional de aprendizado a Alex, que, por ser capaz de definir, generalizando, conceitos tão abstratos como a cor ou a forma geométrica das coisas, é o mais famoso papagaio-cinzento do mundo.

Alex conseguiu lidar com categorias abstratas ao perceber que a cor cinza podia ser tanto a sua como a de um lápis, algo totalmente incrível numa ave (pelo menos até então). O método de Irene Pepperberg foi revolucionário: em vez de perguntar diretamente a cor de um objeto sedutor e recompensar o papagaio entregando-lhe o objeto caso ele acertasse, a pesquisadora resolveu formular perguntas a seu assistente na presença de Alex. Dessa maneira, o papagaio, em lugar de fiar-se apenas na relação professor-aluno, aprendeu (literalmente) observando como seu concorrente aprendia naquele trio singular; assimilou o conceito de cor cinza observando um terceiro que fazia o mesmo. Assim, Alex aprendeu do que lhe ensinavam; do que observava em terceiros sem que ninguém lhe explicasse; e, por fim, do salto metafórico que deu para participar de um tipo de pensamento complexo com o qual a seleção natural o premiou. O método era inovador apenas porque nunca fora utilizado no aprendizado dos pássaros, pois obviamente era empregado com êxito, havia anos, nos cursos de administração de empresas, pela análise de *cases* que incluíam no processo um terceiro (a empresa estudada). Um belo dia, olhando-se no espelho, Alex lançou à protetora uma pergunta inesperada:

Alex: De que cor?
Irene: Você é um papagaio-cinzento, Alex.

Bastaram seis repetições daquele simulacro de conversa para que Alex fosse capaz de abstrair a cor cinza e aplicá-la a outros objetos cinzentos. Como se não bastasse, Alex consegue distinguir um quadrado ("quatro cantos", diz ele) de um triângulo ("três cantos", afirma diante da assombrada comunidade científica). Mas ainda se ignora por que aprender com a experiência alheia é mais difícil aos humanos que aos animais. Meus amigos do mundo da publicidade já comprovaram repetidas vezes que as pessoas, a fim de obter informações na hora de viajar de férias para Porto Rico ou a Tailândia, preferem os folhetos de viagem à opinião dos que já estiveram lá. No entanto, a história de Alex evidencia que a felicidade sempre exige a presença não de dois (porque um par não basta), mas de três, de um outro mais com quem compartilhar. É imprescindível um terceiro com quem aprender ou competir.

Pista número 3
A pior coisa que se pode fazer aos animais e aos humanos é aterrorizá-los

Temple Grandin, professora da Universidade Estadual do Colorado e especialista em projetos de instalações para gado, é a cientista que melhor entendeu a forma de pensar dos animais. Seu maior mérito nessa tarefa foi conjugar o método científico com sua condição pessoal de autista. Vários pesquisadores intuíram (a própria Temple foi a primeira) que os mecanismos emocionais dos autistas estão a meio caminho entre os dos animais e os das pessoas que denominamos normais. Voltarei a essa questão quando analisarmos não as similaridades, e sim as diferenças, entre os processos de aprendizado dos humanos e os dos demais animais.

No capítulo 4, ao tratarmos do medo e da repugnância como emoções básicas, analisaremos melhor a principal razão do caráter prioritário e avassalador que eles têm: do medo depende a possibilidade de salvar a vida ante a ameaça de um predador. No empenho de salvar-se, até o mais insignificante inseto esbanja incomensuráveis esforços – todos, se necessário. Quem nunca se comoveu ao contemplar os estertores de uma abelha ferida, tentando em vão recuperar a verticalidade mediante esforços pródigos, nos quais insiste até o limiar da paralisia que leva à morte? O medo é o motor desse denodo condenado ao fracasso. Em ocasiões anteriores, o medo lhe salvara a vida ao levá-la a fugir, em vez de buscar o enfrentamento desigual com o inimigo. Para os humanos, assim como para o resto dos animais, o medo convulsiona: o pânico de voar, fruto de um erro cognitivo, causado pela má interpretação das estatísticas sobre acidentes; o medo de Pastora na hora de pisar o chão brilhante de meu novo escritório, fruto de outro erro cognitivo, que a induz a confundir com uma descontinuidade abissal o reflexo luzidio; o medo paralisante provocado pela agressão de um psicopata a uma jovem no elevador durante a volta para casa; o medo de um alarme de bomba em local fechado, que leva a maioria a fugir apavorada, buscando inutilmente a saída ou bloqueando-a com os próprios corpos no afã de pôr-se a salvo.

O problema do medo necessário à sobrevivência tem origem no fato de que (com algumas exceções que veremos mais adiante) nem nós nem os outros animais calibramos com precisão a resposta emocional que corresponderia racionalmente ao grau da ameaça. Por exemplo, a reação de um cachorro que, ante a explosão de uma bombinha ou os silvos dilacerantes dos fogos de artifício, morre de parada cardíaca em seu apartamento quando os donos estão numa festa de São João é claramente desproporcional.

Os ratos têm dois sistemas olfativos: um lhes possibilita perceber a presença de gatos nas proximidades; o outro os faz senti-los à distância. O sistema olfativo conectado diretamente à emoção do medo é equivalente a um *zoom*. O rato está cônscio de que a certa distância vagueiam outros gatos, mas estes não lhe causam medo pela simples razão de que a vida seria insuportável sob o trauma emocional provocado por todos os gatos, tanto pelos que representam uma ameaça real por estarem perto quanto pelos que são uma ameaça menor por estarem longe. Já os hipocondríacos sofrem de um distúrbio que os ratos, com seu duplo sistema olfativo, conseguem evitar: o sistema perceptivo único dos humanos é de tal natureza que qualquer estímulo, real ou imaginário, próximo ou distante, se conecta à emoção do medo. É um viver sem viver, como disse a poeta mística santa Teresa de Ávila.

Não só os ratos ganham de nós com seu duplo sistema olfativo, como também os gatos ganham dos cães, por motivos que, desta vez, nada têm que ver com o sistema olfativo. Vem-me à mente a lembrança de Jack, um dobermann que não era nada agressivo com as pessoas, mas que assumira a função de velar pela segurança de "sua" família ante as potenciais incursões dos gatos daquele lugarejo catalão. Jack podia passar a tarde inteira no pátio da casa de campo, sem se mover, olhando fixamente para um gato desafiador no alto do muro que rodeia a propriedade; não comia, não bebia, não atendia a chamados. Já o gato, após ter manifestado sua presença, encolhia-se nas alturas e, com muita freqüência, entregava-se ao sono durante horas, consciente ou inconsciente de que Jack estava, lá embaixo, esperando qualquer movimento em falso. O gato, uma vez alertado disso, esquecia-se do cachorro.

Se todos fôssemos capazes de calibrar o grau de perigo que uma ameaça contém, o recurso ao medo permitiria que, após a explosão de uma bomba num estádio de futebol, a multidão encontrasse a saída de modo ordeiro e natural. A teoria das soluções de um sistema complexo não pode surgir se um mesmo fato produz em alguns a paralisia agonizante que emana do pânico; em outros a necessidade peremptória de buscar desesperadamente uma saída, sem pensar na reação da multidão; e em outros ainda um misto de calma e alerta que, se houvesse contagiado os demais, teria solucionado o conflito sem contratempos mais graves.

Os animais nos ensinam não apenas que o medo é a emoção básica, mas também que ele está em contradição com a dor. É muito provável que a sofisticação alcançada em matéria de interconectividade pelo desenvolvimento dos lobos frontais do cérebro humano nos faça mais sensíveis à dor (mas não tanto ao sofrimento) que o resto dos animais. Por outro lado, o mesmo fator nos deu uma capacidade ligeiramente maior para controlar o medo. O preço que os animais pagam por certa insensibilidade à dor seria o efeito devastador, quase ilimitado, do medo. Comprovou-se que o medo afeta até o ritmo de crescimento dos animais.

Seria errôneo concluir que, como freqüentemente se diz, os animais não sentem dor. Com as devidas ressalvas e nuanças, todas as provas apontam na direção contrária. Aliás, demonstrou-se recentemente que a imagem por ressonância magnética da ativação neural dos peixes, quando lhes são aplicadas nos flancos (com anestesia) elevadas doses de calor e de pressão mecânica, exibe um desenho muito semelhante ao do cérebro humano quando experimenta a dor.

Esta nossa terceira pista é crucial, talvez a mais importante de todas. Na verdade, eu a escondi no meio do capítulo para que o leitor tivesse de buscá-la e lesse as demais. Mas, para ser sincero, devo confessar que a única coisa realmente importante é que a felicidade é a ausência de medo, da mesma maneira que a beleza (como se explicará no capítulo 8) é a ausência de mutações lesivas que denunciem a má saúde da pessoa. O estado de alerta não deveria chegar ao limiar do terror.

Pista número 4
Todos os répteis e mamíferos compartilham a resistência à mudança e à novidade

Sem certa curiosidade, os répteis e os mamíferos não sobreviveriam. Ninguém acharia alimento, nem parceiro, nem abrigo. Mas todas as demais provas parecem indicar que novidades não são bem-vindas. O pavor do cérebro a adaptar-se às novas regras do jogo, o pânico de perder o controle da situação, a inércia dos costumes e dos interesses arraigados, o peso da tradição e da história se aliam para impor obstáculos à inovação e à mudança. O dirigente comunista francês Maurice Thorez costumava dizer que "é preciso nos colocarmos à frente das massas, mas não tão adiantados que fiquemos gesticulando sozinhos". Qual visionário não se viu gesticulando sozinho? Lamentavelmente, muitos padeceram na fogueira que o superorganismo ao qual pertenciam sempre preparava.

Os avanços tecnológicos dos humanos (aquilo que denomino a evolução da tecnosfera, ou seja, as aplicações cotidianas do conhecimento científico) são responsáveis pelo fato de que as formigas, quando comparadas à civilização moderna, ficaram para trás ao manterem a mesma estrutura organizacional e biológica que tinham há 60 milhões de anos. A progressiva consolidação da tecnosfera permitiu aos humanos transformar seu modo de vida, mas não seu sistema emocional. A revolução tecnológica não deve nos fazer esquecer a morosidade mental de todas as espécies, aí incluída a nossa. A mudança mental atenta contra as convicções emotivas assentadas ao longo de milhares e, por vezes, milhões de anos.

Uma dessas convicções é a chamada pressuposição da causalidade. Os humanos e o resto dos animais tendem a crer que, quando uma coisa ocorre depois da outra, isso não seria produto do acaso, pois existiria uma relação de causalidade entre os dois acontecimentos. Na Espanha, viveu-se um exemplo de tal pressuposição nas eleições de 2004, que desembocaram na queda do governo conservador de José María Aznar. Os sociólogos e politólogos afirmaram repetidas vezes que o terrorismo islâmico é movido por razões que se enquadram na categoria que o matemático americano Nassim Taleb denomina *black swan*, "cisne preto". Os cisnes são brancos, e só se poderá demonstrar que também existem cisnes pretos quando aparecer algum. Caso essa aparição se repita, deixarão de ser exceção. Mas, enquanto isso não acontece, não há como tomar decisões em função de algo tão excepcional ou inexistente. Ou seja, o que caracteriza os fenômenos do tipo *black swan* é serem ontologicamente inesperados.

Por isso, parece arriscado incriminar o governo em cujo mandato ocorreu o atentado de 11 de março de 2004 em Madri, como fizeram muitos ao questionar o Executivo para além da política de informação que ele adotara. É perfeitamente razoável criticar as inúmeras deficiências do sistema de segurança nacional predominante até então, ou as decisões tomadas em matéria de política externa, mas não tem sentido atribuir-lhes a responsabilidade pelo atentado. Mais: o exemplo-limite da teoria do cisne preto é quando ocorre um atentado apesar da existência de um sistema de proteção teoricamente perfeito. Nos EUA, ninguém culpou o governo pelo ataque às torres gêmeas de Nova York, mas o contrário ocorreu: em vários setores, criticou-se o esforço desesperado do governo Bush para evitar outro *black swan*, esforço no qual exagerou em medidas preventivas que, beirando a violação dos direitos individuais, ignoraram justamente o princípio de Taleb.

Algo muito parecido se deu com os atentados terroristas de 7 de julho de 2005 em Londres, os quais vivi de perto, já que estava na cidade buscando documentação e assessoramento para completar, paradoxalmente, *Viagem para a felicidade*. À diferença do que ocorreu na Espanha, onde muito provavelmente a lembrança da guerra civil, terminada 65 anos antes, continuou condicionando a rígida diferença de opiniões (por que alguns ainda resistem a reconhecer aquela incrível morosidade das mudanças mentais que foi exposta por paleontólogos como Yves Coppens?!), o governo e a oposição no Reino Unido se deram as mãos desde o primeiro momento, antes mesmo que tivesse tomado corpo a política oficial de informação (igualmente interesseira e não-corroborada, pelo menos a princípio). No Reino Unido como nos EUA, as primeiras críticas denunciaram a contundência da reação, aí incluído um grave erro policial que fez surgir o temor de potenciais ameaças às liberdades individuais. Na Espanha, com a opinião dividida, e nos EUA e Reino Unido, com ela em uníssono, demonstrava-se a resistência a aceitar a irrupção (lamentavelmente rematada pelo atentado de Sharm al-Sheik, no Egito, quinze dias depois) de um fato totalmente novo na política internacional: o acesso do terrorismo à tecnologia de destruição em nível planetário, ou a progressiva substituição de um enfrentamento religioso entre o Ocidente e o Islã por outro, econômico, no seio do próprio Islã, entre moderados e fundamentalistas. A percepção dessas novas realidades exigia renunciar aos velhos esquemas conceituais e aprofundar-se no desconhecido, o que causa repulsa aos animais, inclusive aos hominídeos. Como dizia Habib Bourguiba (o falecido presidente da Tunísia), é preciso distinguir entre o importante e o essencial. O debate ao qual a opinião pública espanhola tem se entregado é muito importante, mas não é essencial.

A recusa a aceitar que algo mudou de maneira contundente e que, para definir uma situação, já não bastam as convicções caras e herdadas (convicções como o repúdio à guerra e à violação da legalidade internacional) explica-se algumas vezes pelos traços que compartilhamos com o resto dos animais e outras vezes por algo que nos diferencia claramente, como ocorre com o chamado princípio da desatenção cega, que analisaremos em seguida. Antes, porém, vale a pena aludir, ainda que superficialmente, à última característica emocional vinculada à felicidade que nos une aos outros animais: o poder do rito e da liturgia.

Em seu livro *Na língua dos bichos*, Temple Grandin conta uma história aterradora, fruto dos excessos da avicultura industrial nos EUA. Temple foi solicitada a dar consultoria em várias granjas onde os galos, inexplicavelmente, trucidavam as galinhas durante o acasalamento. Ela precisou de muito poucos dias para descobrir a chave do mistério. A manipulação genética orientada para a produção de galos cada vez maiores e mais musculosos provocara em alguns deles uma mutação que os impedia de efetuar a dança ritual prévia ao acasalamento. Pois bem: a genética da galinha lhe impõe não adotar a postura de entrega e submissão sem aquela dança ritual de sedução. O trágico resultado do desencontro foi transformar as submissas galinhas em rebeldes que preferiam a morte à rendição e os belos galãs em assassinos. Em outros animais (os humanos, por exemplo), a inibição do rito nem sempre é resultado de mutação genética; ela pode ser ideológica ou, simplesmente, derivar de práticas ou costumes que se alteram abruptamente. Mas, em todos os casos, ela torna a felicidade mais distante e causa desgraça.

O QUE NOS DISTINGUE

É chegado o momento de tirar conclusões não tanto das similaridades dos sistemas emocionais de todos os mamíferos, e sim das surpreendentes e inexplicáveis diferenças. Comecemos pela mais importante: a desatenção cega.

Quando ainda existia a URSS, um grupo de cientistas russos visitou nos EUA o laboratório do biólogo evolucionista John T. Bonner. Como era de esperar, o catedrático de Princeton, de giz na mão, explicou aos soviéticos a vida e os prodígios do mofo mucilaginoso, a grande obsessão de Bonner, com a qual iniciamos este capítulo. Apesar da generosidade e da amabilidade que o caracterizavam, ele não conseguia despertar o interesse dos biólogos estrangeiros, até que, *en passant*, mencionou que "mesmo os organismos unicelulares gostam de formar coletividades". Aí, de repente, os russos se mostraram encantados e começaram a prestar atenção: os mofos mucilaginosos justificavam o marxismo à perfeição. Para aqueles cientistas, só existiam as teorias de Marx, nada mais. É o princípio da desatenção cega, que caracteriza os humanos, diferentemente do resto dos animais.

Não se trata apenas da obsessão vinculada ao dogmatismo ideológico. Estamos falando de algo muito mais profundo, que se relaciona à fisiologia: nosso sistema de percepção visual, ao contrário do que acontece com os outros animais, só é ativado pelo que está acostumado a ver. Em outras palavras, enxergamos o que esperamos ver. Daniel Simon, diretor do laboratório de visão cognitiva da Universidade de Illinois, realizou algo que despertou uma onda de incredulidade no mundo inteiro: o experimento do gorila. Simon convocou um grupo de estudantes para assistirem ao teipe de uma partida de basquete e lhes pediu que contassem o número de passes dados por uma das equipes. Enquanto os estudantes iam computando escrupulosamente esse número numa caderneta, uma mulher disfarçada de gorila aparecia de repente no meio da tela e do jogo, batia três vezes no peito com os punhos e sumia por uma das laterais. Ao final da sessão, quando se perguntou à platéia se ela notara algo de incomum, apenas metade declarou ter visto um gorila.

Diferentemente dos autistas e dos animais não-humanos, a maioria das pessoas não enxerga os detalhes: para elas, só importa o conjunto, o esquema ou a idéia que têm das coisas. Só enxergamos a floresta, em detrimento da árvore – e, ainda por cima, consideramos isso um mérito. Quantas vezes não ouvimos a reprimenda "Ele se fixa apenas na árvore e não vê a floresta" ou "Quando se aponta a Lua com o dedo, o bobo olha para o dedo, e não para a Lua"? Trata-se de um comportamento que pode ser muito produtivo para determinados fins, mas que é nefasto para a viagem à felicidade.

Eu gostaria de expor um exemplo pessoal menos circense e mais inquietante. Em fins dos anos 1950, em plena ditadura franquista, condenaram-me ao exílio e a um *buque de tercera clase* pelo ato nada heróico de distribuir panfletos convocando os estudantes a uma homenagem ao cientista republicano Duperier. Devo confessar que, até pouco tempo atrás, eu ainda desconhecia quem era de fato Duperier (e continuo sem saber o que seja um *buque de tercera classe*). Só recentemente aprendi que Arturo Duperier, filho insigne do lugarejo de Pedro Bernardo, na província de Ávila, foi um grande astrofísico especializado em raios cósmicos. Reconhecido por outros cientistas e instituições, era presidente da Real Sociedad de Física Española quando eclodiu a guerra civil. Em Madri, há uma rua que leva seu nome. Morreu em 1959, ano em que se publicaram (inclusive na revista *Nature*) diversos artigos sobre sua atividade de pesquisa. Aqueles panfletos que convocavam para uma homenagem estudantil clandestina foram, portanto, distribuídos em razão de sua morte. Que eles e os meus anos de exílio sirvam de desagravo a seus familiares e herdeiros pela enorme ignorância que demonstrei. Meus amigos neurologistas explicariam facilmente essa ignorância pela incapacidade do cérebro de atentar a duas coisas ao mesmo tempo: no final daquela década, o direito e a política (e não a ciência) absorviam toda a minha atenção.

Durante quase vinte anos de exílio, contemplei resignadamente, da óptica geográfica de meus países de adoção (Suíça,

França, Inglaterra, EUA), a permanência de meu velho país na órbita um tanto esdrúxula dos países árabes e latino-americanos. Depois da ditadura, deu-se a transição política, formaram-se os primeiros governos democráticos, da UCD, do PSOE, do PP e novamente do PSOE... Mas, em sua política externa, a Espanha nunca levantou âncora das áreas geográficas que não se haviam destacado nem pelo desenvolvimento, nem pela pureza democrática, nem pela ausência de corrupção. Em Londres ou Nova York, ao ir para o trabalho ou tentar conciliar o sono, eu costumava me lembrar desse paradoxo. Será que um dia a Espanha também teria como principais aliados os países mais desenvolvidos e mais democráticos e os governos menos corruptos do mundo?

E então começou o show.

De repente, sem que ninguém esperasse, quase pela primeira vez na história da evolução, um primeiro-ministro nada simpático teve a genial idéia de colocar a Espanha ao lado dos EUA e do Reino Unido, os dois países mais poderosos e mais democráticos do mundo. O leitor sabe qual a foto mais detestada e vilipendiada pela imensa maioria dos espanhóis? A imagem de Bush, Blair e Aznar nos Açores, simbolizando uma mudança radical na política externa espanhola. Durou um segundo. No entanto, qualquer estudioso da evolução se verá forçado a reconhecer que, em termos de adaptabilidade, era o que mais convinha à Espanha. Os critérios da seleção natural que condicionam o desenvolvimento de todas as espécies apontavam nessa direção, e não na contrária. O princípio da desatenção cega dos hominídeos os leva a não ver o gorila em meio à partida; a floresta os impede de fixar-se na árvore solitária; do mesmo modo, à imensa maioria dos espanhóis, absortos em sua idéia da floresta, do esquema, do projeto aznariano que repudiavam, escapou a transcendência daquela árvore solitária na nova política externa. Na viagem à felicidade, é imprescindível diferenciar os detalhes do conjunto e visualizá-los; recuperar a capacidade que os animais possuem de enxergar até o que não estão acostumados a ver.

O já mencionado Daniel Gilbert, catedrático de psicologia na Harvard, observa o mesmo fenômeno no contexto da vida matrimonial. Em face de uma catástrofe psicológica como a infidelidade (que sacode os alicerces e os planos futuros da existência a dois), ativa-se uma espécie de sistema imunológico de defesa psíquica, capaz de fazer o casal reagir. Ante a ameaça de provável destruição do projeto comum, produz-se uma reação de autodefesa. É exatamente o contrário do que se dá com os desgostos do dia-a-dia, gerados pelos pequenos descuidos, pela falta de atenção a detalhes que podem incomodar o companheiro ou companheira, detalhes mínimos que, no entanto, vivem se repetindo. Trata-se de afrontas tão banais que não ativam nenhum sistema de autodefesa psíquica. Pois bem: a maioria das separações ocorre por essa falta de atenção aos detalhes cotidianos, tão ínfimos, que quase passam despercebidos, mas que se acumulam ao longo do tempo, minando a estrutura afetiva que sustenta o casal.

Segundo os especialistas no funcionamento de sistemas complexos ou caóticos, trata-se de outra característica que nos distingue do resto dos animais (absortos no detalhe visual e imediato) e que, desta vez, deveria jogar a nosso favor. Temos a capacidade de descobrir o funcionamento dos sistemas complexos, mas não a utilizamos. Num gráfico de conexões, as inter-relações entre os pontos mais avizinhados limitam o âmbito de conhecimento e de influência do fato, da pessoa ou do problema situado no centro do sistema. Quando se estuda o genoma, parece óbvia a interação com os pontos do gráfico que representam os físicos, químicos, biólogos e especialistas em computação. Nesse caso concreto, o gráfico de conexões se desenharia conectando os cinco pontos: o ponto em questão, representado pelo problema a resolver, e os outros quatro, interativos com o primeiro. Mas a um observador imparcial poderia ocorrer a idéia (muito razoável) de que, para estudar o genoma, não se deve esquecer o papel desempenhado pelas mutações e de que, portanto, seria útil ampliar o gráfico com outro ponto, representando um geneticista, para que todos pudessem interagir entre si. Se esse geneticista fosse Armand Marie Leroi (a quem citaremos no capítulo 3, no contexto das relações entre as mutações e a beleza), é certo que este sugeriria a inclusão de um artista como ponto adicional para ampliar o gráfico; e, se passasse por ali o biólogo Sydney Brenner (um Nobel de Medicina), ele muito provavelmente exigiria que se ampliasse o gráfico com alguém que não entendesse nada nem de genoma nem de beleza, porque, na opinião dele, a ignorância constitui uma vantagem necessário aos que só analisam um problema de sua própria óptica.

De acordo com a teoria do funcionamento dos sistemas complexos, a solução implica transcender as aparências, e é justamente isso o que os humanos não costumam fazer. Se estivéssemos analisando, em vez do genoma, a viagem à felicidade, essa análise também exigiria que se ampliasse o gráfico de interconexões com pontos aparentemente irrelevantes ou nada usuais. Qualquer busca da felicidade que dependa exclusivamente das manjadas inter-relações com o dinheiro, o trabalho, a etnia ou a saúde está condenada a um retumbante fracasso. A felicidade depende da interação com pontos que não estão no gráfico inicial.

Por fim, quando Sapolsky se vangloria de poder diagnosticar *online* o estado psíquico de um desconhecido com base nas funções hormonais (como veremos no capítulo 6), ele abre uma exceção: o amor e o ódio são tão afins que, no caso de dois amantes, o pesquisador não saberia determinar se estavam fazendo amor ou trocando punhaladas. Diferentemente dos outros animais, os humanos têm emoções ambivalentes – conseguimos odiar e amar ao mesmo tempo. Por isso, não podemos nos gabar da lealdade de um cão: ele é leal porque, basicamente, é incapaz de mesclar emoções distintas. Na lealdade ao dono, não há o mínimo traço de ódio.

O que ocorre na relação com um superorganismo, seja a família, seja a sociedade, seja a nação, seja o planeta que nos dá abrigo? Essa questão preocupou durante anos cientistas como Edward O. Wilson, o inventor da sociobiologia, que sempre acreditara que os humanos constituíam um superorganismo, tal qual as abelhas constituem uma colméia ou as formigas, um formigueiro. À medida que se passavam os anos de pesquisa (Wilson é o maior perito mundial em formigas), nossas diferenças em relação à vida coletiva das formigas, das abelhas ou dos cupins lhe pareciam cada vez mais inegáveis. Os humanos davam mostras indiscutíveis de emoções ambivalentes para com o superorganismo. A força da experimentação e da demonstração levou Wilson, como bom cientista, a ceder e acabar reconhecendo que nós, apesar de colaborarmos com o superorganismo, nunca renunciávamos de todo à esfera dos interesses individuais. O ser humano é muito mais ambivalente e equívoco que o resto dos animais. Ademais, estudos muito recentes tendem a indicar que os superorganismos tampouco são o exemplo de submissão e coerência que se imaginava.

Na viagem à felicidade, muitos turistas se perdem ou empacam a meio caminho porque acreditam que as pessoas com as quais se inter-relacionam são idênticas às formigas, às abelhas, aos cupins – ou, pelo menos, ao que achávamos, até muito pouco tempo atrás, sobre o comportamento dos superorganismos. Esses turistas não adaptam sua vida sentimental à mistura de emoção e ambivalência que caracteriza o ser humano e cometem erros irreparáveis quando julgam aos demais e a si mesmos. O sentimento popular reflete o que dissemos acima quando condena quem, diante de uma coisa ou pessoa, a vê como "preta" ou "branca", sem nuanças. E dá-se um exemplo patético de desinformação e desconhecimento de nossa própria biologia toda vez que se utiliza um púlpito, uma cátedra, um fórum ou um parlamento para fazer asserções sem nenhum matiz.

Capítulo 3

A felicidade é uma emoção transitória

O sítio da felicidade no cérebro primitivo

O cientista Isaac Newton propunha-se algo que, trezentos anos depois, continua sem resposta. "Eu gostaria de descobrir os mecanismos", dizia Newton, que dava a impressão de saber tudo, "pelos quais uma percepção visual do universo se transforma na glória das cores."

Cores que (independentemente do que pensem os pintores) não estão no universo; elas são sentimentos que emanam da percepção visual a que Newton se referia. A consciência é como um fio incessante de repetições do que veio antes, ao longo de toda uma vida, sendo moldada por emoções que de imediato se põem a cavaleiro daquela percepção. Hoje já conhecemos, com invejável precisão, o percurso que a imagem codificada faz desde o choque de um fóton contra a retina até a chegada desse sinal a determinados neurônios do cérebro, os quais também conhecemos. Ainda não sabemos, contudo, a maior parte do que ocorre depois. As mais modernas técnicas de ressonância magnética permitem visualizar e identificar as zonas cerebrais ativadas por uma percepção, um sentimento ou uma emoção. O oxigênio adicional requerido pelo impacto neuronal exige um fluxo sanguíneo maior, que as imagens de ressonância magnética identificam com relativa facilidade. Só que a velocidade quase incomensurável em que o cérebro funciona impede que se rastreie o mecanismo criador; dá-se algo semelhante ao que acontecia com as imagens obtidas pelas primeiras câmeras fotográficas, quando o prolongado tempo de exposição não era obstáculo para fotografar uma parede evidentemente imóvel, mas impedia que se captasse a imagem de um ciclista que passasse diante da lente.

Procedamos de modo inverso ao do catedrático que inicia um discurso recitando a definição de sua matéria. Longe de partir de uma definição acadêmica e comprovada de uma emoção precisa (a felicidade), vamos nos aproximar do objeto de nosso desejo por escarpas árduas, quase sempre insólitas, mas tão reveladoras que, ao final desse caminho mais longo, ninguém sentirá saudade de uma definição. Nós a teremos intuído, como referente

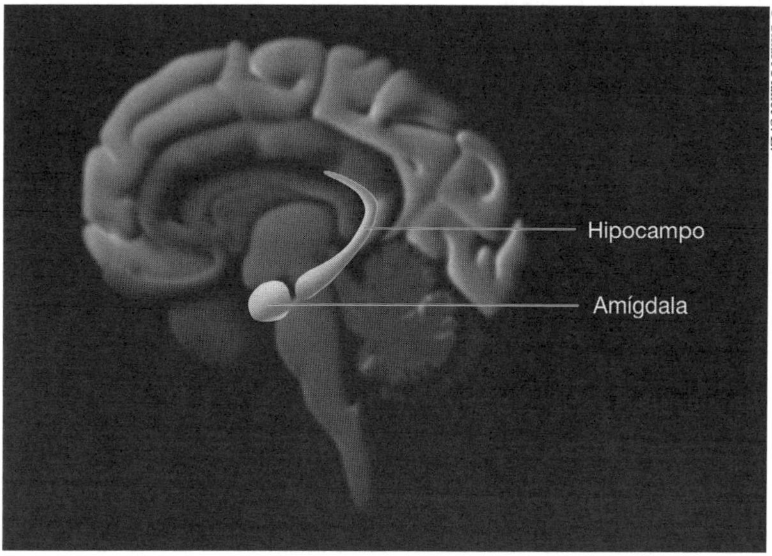

É da amígdala e do hipocampo que se administram as emoções.

às emoções e, muito especialmente, à inteligência emocional. Aproveitemos o que já sabemos. A sede oficial das emoções está na região primitiva do cérebro. Essa região denomina-se cérebro reptiliano porque já estava bem configurada nos precursores dos primeiros mamíferos: é o conjunto de estruturas nervosas conhecido como sistema límbico, que abrange o hipocampo; a circunvalação do corpo caloso; o tálamo anterior; e uma área em forma de amêndoa chamada amígdala.

A amígdala também desempenha outras funções, mas é, sem sombra de dúvida, o principal intermediário das emoções. Toda vez que alguém reage diante de uma expressão facial hostil, a amígdala está orquestrando as primeiras vozes de alarme. Lesionar a amígdala é a maneira mais segura de conseguir que uma pessoa perca a capacidade emocional – e é tão ruim não saber controlar as próprias emoções quanto não ter nenhuma. Spock, a personagem extraterrestre de orelhas pontudas da série *Jornada nas Estrelas*, era muito mais inteligente que os humanos, mas carecia de emoções. Em dado momento de sua evolução, os vulcanos (a etnia a que Spock pertencia) prescindiram dos vestígios primitivos de suas origens animais e, para sempre libertos das paixões, alcançaram um grau muito superior de racionalidade.

Os criadores de *Jornada nas Estrelas*, ao suporem que uma criatura carente de emoções nos superaria em inteligência, estavam perpetuando um antigo mote da cultura ocidental. Hoje, entretanto, a ciência indica que um organismo inteligente sem emoções estaria pura e simplesmente incapacitado de evoluir e seria menos inteligente que nós. Afinal, se no decorrer da evolução as vantagens de possuir emoções não houvessem superado as desvantagens de não contar com elas, os seres emocionais nunca teriam evoluído. Se hoje continuamos tendo emoções, é porque elas devem ter ajudado nossos antepassados a sobreviver e perpetuar-se.

É certo que a amígdala desempenha outras funções além de gerir as emoções, e ela não atua isoladamente; as conexões com o córtex pré-frontal (a parte ulterior e atualizada do cérebro evolutivo) são intensas. Agora, outra coisa é dizer que suas linguagens sejam compatíveis ou que, nos mecanismos decisórios, predomine necessariamente a parte mais moderna do cérebro. Não é tão simples. Será preferível fiar-se na cabeça a fiar-se no coração? Em termos menos leigos, a neurociência descobriu que existem dois canais de decisão: um lento e preciso, o outro rápido e confuso. A maneira lenta mas precisa se baseia essencialmente na lógica, e a forma rápida e confusa, nas emoções. São dois mecanismos decisórios complementares, mas não antagônicos. Quando é vital chegar à resposta correta e se dispõe de tempo e informação, costuma-se recorrer ao raciocínio, o método pausado e límpido; mas, como se verá, o sistema emocional não se ausenta antes que o processo termine – muito pelo contrário. Por outro lado, quando são escassos o tempo e a informação e é peremptória a necessidade de tomar uma decisão, as emoções se antecipam. A inusitada diferença desse último caso para com o anterior é a ausência do mecanismo consciente.

Como interpretamos as lembranças

Quando não há tempo nem informação disponível, a amígdala se baseia em que para tomar uma decisão? Nesse caso, a memória desempenha papel determinante. Mas atenção: quando se resgata uma lembrança, ela quase sempre é o fruto de uma lucubração com base num dado real ou inventado; raramente é a transcrição de um fato real que se conservou intacto. Algumas lembranças, ao serem resgatadas, são tão frescas e vívidas que podemos ter a impressão de estar revivendo o acontecimento tal qual ele se deu. Trata-se de uma ilusão causada pela capacidade regeneradora das células e pela capacidade reconstrutora da imaginação criativa. Essa descoberta (não menos importante que a de um buraco negro no centro de nossa galáxia) revela que a memória se conserva apesar das mudanças estruturais que se produzem nas sinapses ou nos neurônios. Nenhum computador submetido a esse vendaval de mudanças contínuas em sua estrutura interna conseguiria manter em ordem seus arquivos e pastas: ele seria danificado. Durante o tempo que o leitor demorou para ler os dois capítulos anteriores (um tanto menos do que o autor levou para escrevê-los), cada molécula de seu corpo percorreu muitas centenas de milhares, muitos milhões de quilômetros. Veja que não se trata apenas das sinapses ou dos neurônios: algumas células se romperam e se ressintetizaram centenas de vezes num segundo. Não obstante, continuamos sendo a mesma pessoa.

Por conseguinte, a conservação da memória depende não só do cérebro (a despeito das mudanças estruturais), mas também de todo o corpo. Em termos moleculares, o leitor deste livro não é a mesma pessoa que era quando iniciou a leitura e, ainda assim, vive com a impressão de ser o mesmo. Em termos biológicos, é fascinante o problema que se apresenta quando uma unidade estrutural se mantém modulada por um processo dinâmico, com as moléculas mudando constantemente. Qual o sentido de recuperar as lembranças da infância na idade adulta (por exemplo), se praticamente já somos outra criatura? Talvez o façamos simplesmente porque aquelas lembranças (inconscientes até os três anos) não se apagam jamais.

Minha primeira lembrança é a da explosão de uma bomba que em 1939, no fim da Guerra Civil Espanhola, atingiu a estação ferroviária de Sants, em Barcelona. Minha mãe me arrastava com a mão direita e abria caminho com a esquerda. Consigo descrever até a cor das calças curtas que eu vestia, com uma tira no meio para unir os dois suspensórios. Recordo os ruídos das pessoas correndo, a fumaça que invadia a plataforma, a viga de ferro com uma das pontas sobre a via e a outra ainda embutida na parede, viga que as pessoas evitavam se agachando para passar por baixo. Essa lembrança é tão verdadeira e tão indelével que, desde aquele tempo, ela determina meu pânico de multidões em locais semifechados e até ao ar livre. Como representante de uma das incipientes forças estudantis da segunda metade da década de 1950, conspirei contra a ditadura num café da Madri antiga; no entanto, quase ninguém me viu nas grandes manifestações políticas da Europa e dos EUA. Em meus 68 anos, só participei de três desses atos públicos: contra a repressão da polícia francesa a uma manifestação pela paz na Argélia, em Paris, repressão que causara os mortos no metrô Charonne (nesse evento, por acaso, conheci Yves Montand e Simone Signoret); o funeral de Dolores Ibárruri (*la Pasionaria*), em Madri, em devota memória dos discursos que, durante os anos sombrios, ela transmitira de Moscou pela Radio España Independiente e eu escutara com minha mãe; e o enterro do dirigente socialista Ernest Lluch, em Barcelona. Nas três ocasiões, dei um jeito de guardar-me para o final da manifestação, na parte externa daquelas galáxias humanas (no funeral da *Pasionaria*, os dirigentes comunistas, carinhosamente, mandaram um emissário para convidar-me a um lugar mais próximo do pelotão de frente, mas não tiveram êxito nisso).

Entretanto, foram necessários quase sessenta anos para que aquela lembrança inquebrantável vacilasse e eu intuísse que ela, muito provavelmente, era inventada. Isso se deu em Nova York, durante uma conversa com Oliver Sacks, autor de livros como *O homem que confundiu sua mulher com um chapéu* e *Tempo de despertar*. Aconteceu quando esse neurologista me explicava que o irmão lhe assegurara (não obstante sua estupefação e incredulidade) que ele, Oliver, estava no norte da Inglaterra, e não em casa, no dia em que uma bomba alemã caiu no jardim dos vizinhos. Oliver Sacks conservara aquela lembrança da Segunda Guerra Mundial (como eu a da Guerra Civil Espanhola) pela vida toda. Era uma recordação precisa e indiscutível, à qual se referira em diferentes análises sobre a memória, embora na realidade fosse falsa. Quando nos recordamos de algo, não estamos recordando de novo? A maior parte das lembranças de infância é desse tipo.

Pois bem: a memória biológica não coincide necessariamente com os fatos históricos; o cérebro, para sobreviver, imagina ou medita sem muito fundamento. Às vezes, recordamos coisas tendo a certeza de que realmente aconteceram, mas, quando as confrontamos com os fatos históricos, verificamos que nem sempre são verdadeiras. Nesse sentido, há um experimento muito revelador. No dia seguinte àquele em que a nave americana *Columbia* explodiu ao retornar para a atmosfera terrestre, um professor de psicologia pediu aos alunos que escrevessem tudo o que sabiam sobre o assunto.

Um ano depois, voltou a pedir-lhes que escrevessem do que se lembravam. Eles acreditavam estar recordando exatamente a mesma coisa de um ano antes, mas, quando se compararam as recordações anteriores com as posteriores, verificou-se que eram muito diferentes.

Em um ano, a mente sofre uma transformação considerável, pois sua memória não é igual à de um computador: não se armazenam *bytes* de informação. A mente se relaciona com o significado, não com a informação; ou seja, atribuímos significado a nossas experiências. Consegue-se demonstrar bioquimicamente que alguns modelos de sinapse são produzidos quando formamos uma lembrança (isto é, que determinadas moléculas aderem então umas as outras) e que, depois, os processos bioquímicos novamente são ativados quando voltamos a lembrar; portanto, toda vez que recordamos algo, nós de certa forma voltamos a *reviver* a lembrança. Assim, toda vez que reavivamos uma lembrança, ela se reconstitui biologicamente.

É desse tipo de material (ou melhor, de quimera) que a amígdala se alimenta. Mas, na hora de tomar uma decisão emocional, de que outros recursos ela lança mão além da memória? A experiência histórica demonstra que as emoções coletivas podem ser avassaladoras. Sempre se disse, porém, que quatro olhos enxergam melhor que dois. Subjacente a essa crença popular, estava a convicção de que, nas inter-relações grupais, neutralizavam-se as emoções individuais, as quais o grupo amadurecia, aproximando-as dos padrões da lógica. A decisão de um jurado devia portanto ser forçosamente mais imparcial que a de um juiz. Mas hoje, à luz da história do século XX, poucos cientistas estão seguros de que a soma das emoções individuais seja contida e transformada pela emoção grupal e de que não se dê exatamente o contrário. Poucas reações costumam mostrar-se tão viscerais e tão suscetíveis de contágio como as coletivas. Tanto a felicidade quanto a infelicidade (ou outras emoções básicas, como a ira, o medo, a surpresa ou a repugnância) afloram mais intensamente em seu caráter primário quando são monopólio de uma seita, tribo ou nação do que quando o são de um indivíduo abandonado à própria sorte. As emoções, longe de se neutralizarem umas às outras, somam-se até produzir um resultado distinto. As emoções grupais parecem converter-se no único fator capaz de neutralizar ou substituir as emoções básicas dos indivíduos. Não conhecemos bem a razão desse erro na soma emocional, mas o fato é que não existe nenhuma cultura sem tais emoções. Elas não são aprendidas; são, isto sim, parte da configuração do cérebro humano. Em todos os lugares e épocas, os seres humanos compartilharam o mesmo repertório emocional básico. Essa universalidade das emoções básicas constitui mais um argumento a favor de sua natureza biológica. E isso é verdadeiro não só para as emoções grupais, mas também, e sobretudo, para as emoções individuais.

Entretanto, o fato fundamental a ser levado em conta é que as emoções, embora transitem por sucursais díspares, têm sua matriz no cérebro reptiliano. Talvez por isso, sempre achei difícil aceitar a tese de que os répteis e, com menos motivos ainda, os mamíferos não-humanos (aí incluídos os primatas sociais) não têm emoções. Seria paradoxal se, no decorrer da evolução, os hominídeos houvessem situado o controle das emoções no cérebro evolutivo, já que ele carecia de experiência nessas lides. Quando falamos de felicidade, estamos muito provavelmente nos referindo a uma emoção compartilhada com o resto dos animais e gerida da mesma zona cerebral – a amígdala. Negar isso significa descartar não só a evidência científica, mas também a empírica. Todavia, é tão cômodo ignorar as emoções dos animais! No capítulo 2, já analisamos a diferença essencial (e indiscutível) entre os condicionantes da felicidade na nossa espécie e nos outros animais.

A viagem à felicidade que dá título a este livro dá também todas as indicações de ter-se iniciado em nosso passado pré-humano, tal qual o bocejo contagioso (herdado dos primatas) e a maioria dos instintos básicos (como o de sobrevivência ou o de reprodução). Compartilharmos com o resto dos animais a mesma origem e a mesma distribuição fisiológica não só não desmerece a importância da viagem à felicidade, como também lhe confere a avassaladora força de um instinto básico. É o primeiro passo para entender os devastadores efeitos da infelicidade (a ausência de felicidade) sobre o metabolismo e o equilíbrio mental das pessoas. Estamos falando de nada mais, nada menos que a contínua repressão e adiamento para a outra vida de um instinto que é tão básico quanto a respiração. Não é nada estranho que a busca infrutífera da felicidade cause transtornos generalizados; tampouco é de admirar que (por ignorar-se a origem instintiva e a localização fisiológica da felicidade no cérebro evolutivo) se acabe atribuindo aos próprios afetados a culpa por sua infinita capacidade de ser infelizes.

Uma vez constatada a natureza emocional da felicidade e situado seu gerenciamento no sistema límbico, podemos dar mais um passo em direção à saída do labirinto. Em termos evolutivos, explica-se perfeitamente a existência de certo grau de ansiedade como preâmbulo ou sinal de alerta em face de uma ameaça qualquer (seja fazer uma prova escolar decisiva, seja proteger-se dos tubarões num mar tropical). Entretanto, o que não teria nenhum sentido em termos evolutivos seria um estado de ansiedade permanente e, ainda por cima, acentuado. Ou seja, não podem abundar na bagagem genética os genes herdados de pessoas total ou permanentemente infelizes, visto que elas não teriam desfrutado as condições necessárias para procriar mais que o resto.

Por conseguinte, fadados a pensar em primeiro lugar na base genética da felicidade (dada a natureza e a localização fisiológica desta), pareceria lógico a definirmos não tanto como um comportamento descritível, derivado de uma tipologia específica, quanto como a ausência (literalmente) de deformações genéticas graves. E isso não é outra coisa senão um equilíbrio mutacional. A felicidade vem definida, antes de tudo, pela ausência (em maior grau que na média da população) de efeitos mutacionais lesivos à saúde física e mental do indivíduo. A felicidade se forja na ausência biológica do mal. Pelo menos nos primórdios, ela nada tem que ver com a consciência, o pensamento ou as ideologias.

Os geneticistas calculam que, em cada novo embrião humano, produzem-se umas quatro mutações do genoma lesivas à saúde. A tais mutações aleatórias seria preciso acrescentar as trezentas mutações, com maior ou menor grau de malignidade, herdadas dos antepassados. Essa acumulação de dissabores ou desgraças potenciais fez o geneticista Armand Marie Leroi, do Imperial College (Londres), exclamar: "Todos somos mutantes, embora uns mais que os outros". Os números citados mais acima se referem a médias, isto é, alguns de nós somos mesmo mais mutantes que os outros. Certos indivíduos sofrem todas ou quase todas as pancadas da borrasca genética, enchendo as páginas dos antigos bestiários e do catálogo das mutações mais dolorosas: o gene que, por causa de uma mutação, deixa de produzir um hormônio chamado leptina condena seu portador à obesidade irremediável; basta um defeito nos cílios que impulsionam as células para que o feto seja condenado a ser estéril, ter as vísceras invertidas (com o coração à direita, o fígado à esquerda etc.) e possuir olfato deficiente; a síndrome da pseudoacondroplasia deixa intacta a vitalidade do organismo, mas reduz o tamanho dos membros ao daquele de anões. Já outros indivíduos parecem bafejados pela sorte até o ponto de povoarem aldeias e cidades com seres invulneráveis ao desalento, pois são portadores de um equilíbrio básico e congênito que, em maior grau que o resto, os predispõe à felicidade. À felicidade e talvez, pelos mesmos motivos, à beleza.

É fascinante constatar que os diferentes padrões de beleza estabelecidos ao longo da civilização são, na realidade, muito menos variáveis do que se costuma dizer. Os ideais de beleza situados na antítese das concepções modernas (sobretudo os de alguns pintores clássicos) obedeciam mais a visões distorcidas por seus caprichos e propensões particulares do que àquilo que as pessoas imaginavam como ideal de beleza física, conforme alguns críticos de arte vêm demonstrando e a genética moderna, provavelmente, vem corroborando. Quem era realmente belo ou bela aos olhos da grande maioria? Quem tinha a delicadeza na tez, a simetria nos órgãos dos sentidos, as proporções que emanam de um organismo com menos mutações que os demais. De fato, é muito provável que as naus de guerra que sobreviveram à borrasca mutacional sejam as capitânias não só da felicidade, mas também da beleza. Quererá isso dizer que um indivíduo afetado por um defeito na produção de hormônio do crescimento (secretado pela hipófise) será forçosamente infeliz?

Forçosamente, não; mas muito provavelmente, sim. (Joseph Boruwlaski, personalidade polonesa do século XVIII, foi a mais conhecida e emblemática das exceções que confirmam a regra. Sua condição de anão, causada pelo mau funcionamento da hipófise, não o impediu de ser feliz, apaixonar-se e freqüentar airosamente as cortes européias da época. Até ganhou um título nobiliárquico. A Marx se podem atribuir muitos erros, mas não é o caso desta afirmação sua: "O que é verdadeiro para uma classe [ele se referia à burguesia] não o é necessariamente para um indivíduo".)

NO COMEÇO E NO FIM, HÁ SEMPRE UMA EMOÇÃO

A escarpa conceitual subseqüente que nos aproxima das fronteiras do conceito de emoção é a presença bipolar desta em todos os processos, tanto no início quanto na culminação deles. Em muito poucos anos, passou-se de uma situação em que as emoções não eram parte do mecanismo de tomada de decisões (nem mereciam mais que repúdio) a outra na qual elas se apinham quer no início dos projetos que se pretende levar a bom termo, quer na decisão final que se costuma culminar com uma reflexão.

De tanto pensar em intentos que engrandecessem a França, o general Charles de Gaulle chegou à conclusão de que nenhuma estratégia podia prosperar sem um componente que ele qualificava como "transcendente". O que De Gaulle entendia por transcendente? Simplesmente, um objetivo que, acrescido ao propósito do intento, fosse além da consecução interesseira e imediatista. Para o general, esse objetivo muito freqüentemente consistia na busca pela *grandeur de la patrie*; para ele, a vitória sobre os alemães na Segunda Guerra Mundial dependia não somente da superioridade bélica (que a intervenção dos EUA conferiu aos Aliados), mas também do empenho idealista em preservar o bom nome da França. Pude constatar o invariável malogro de todos os intentos que se limitam ao estrito cumprimento dos interesses materiais e pessoais de curto prazo. Quando falta o elemento transcendente (por menor que seja este), os projetos ficam condenados ao fracasso. De sua cátedra de neurologia na Universidade Estadual de Iowa, o pesquisador e pensador português António Damásio, cinqüenta anos depois do general De Gaulle, afirma que, "sem emoção, não há projeto que valha a pena".

Tudo começa com uma emoção. Isso alguns grandes homens de ação já intuíam há meio século, e hoje a ciência o corrobora. Mas devemos a descoberta mais recente e revolucionária a cientistas como Dylan Evans, professor na faculdade de computação, engenharia e matemática da University of the West of England, em Bristol, ao demonstrar que as decisões (todas elas) são emocionais. Qual é a trajetória normal de qualquer intento? No início (se o que acabamos de afirmar é correto), há uma emoção. Na seqüência, efetua-se um processo de cálculo racional em que se vai ponderando toda a informação disponível. Diferentemente da primeira fase (em que tudo ocorre em velocidade vertiginosa), a segunda etapa é lenta e tediosa: dá-se tamanha proliferação de argumentos a favor e contra que, de tanto ponderar e contrapesar dados, a lógica da razão não consegue impor-se. Felizmente, reaparecem no final, como uma tábua de salvação, as emoções. Se antes não sabíamos para que serviam, agora verificamos que, sem elas, nunca tomaríamos decisões. Donde muitos especialistas em robótica estarem atualmente empenhados em que os robôs do futuro sejam também capazes de sentir emoções, para que possam decidir em igualdade de condições com os humanos. Se nós não somos capazes decidir sem emoções, tampouco os robôs o serão.

Contrariamente à opinião da imensa maioria das pessoas (que pensam conhecer as razões conscientes que lhes motivam as decisões), os neurologistas indicam que, em última instância, é uma emoção o que faz a balança pender para um lado ou para outro. Se contássemos apenas com a razão, nunca decidiríamos coisa nenhuma, dada a complexidade quase infinita da tarefa de avaliar corretamente a selva de dados disponíveis. Nos anos 1960, Peer Solberg, professor na Sloan School of Management do Massachusetts Institute of Technology, explicava sua teoria sobre a tomada de decisões na vida empresarial: era um processo que ia desde a identificação de todas as opções, passando pela pré-seleção destas e pela fixação da ordem de prioridades, até a escolha daquela que obtinha maior pontuação. Num final de curso em que os alunos o assoberbaram com mais solicitações de dicas para arranjar emprego do que o habitual, ele resolveu aplicar-lhes a prova do que lhes ensinara sobre isso até então. Sua surpresa e sua frustração foram igualmente grandes quando ele descobriu que, na hora de escolher o futuro emprego, a quase totalidade dos alunos seguira a própria intuição, em vez do método exposto em classe. E não foi só: a comparação que eles faziam com as ofertas recusadas tinha como único objetivo convencer a si mesmos de que sua intuição funcionara. Os alunos do professor Solberg não agüentaram a exasperante lentidão dos processos racionais de decisão, que contrastavam com o ritmo fulminante das intuições emocionais. As decisões puramente racionais não só se perderiam na imensidão de dados disponíveis, como também não atenderiam a nossas necessidades emocionais. Por isso, a presença das emoções é (como dizíamos antes) bipolar: elas estão no início e no fim de todos os intentos humanos.

Capítulo 4

Os fatores internos da felicidade; a tristeza maligna

Os fatores ocultos da felicidade

Meu amigo Lewis Wolpert, biólogo inglês que é professor emérito do University College (Londres), não se suicidou atirando-se de uma ponte no Tâmisa. No entanto, sua segunda esposa morreu de câncer, para muitos atormentada pelas contínuas ameaças suicidas de Lewis durante mais de três anos. Em sua avançada idade, Lewis tem tido dificuldade para superar a depressão, mas escreveu um livro em que conta sua experiência depressiva, à qual chamou "tristeza maligna". Foi esse o título que deu ao livro. Este capítulo também se intitula assim, não porque a depressão seja o único fator interno da infelicidade, mas porque ela possivelmente seja o mais destruidor e o menos controlado de todos os fatores que germinam dentro da própria pessoa. Daqui a alguns anos, constataremos o enorme custo social em que teremos incorrido por não abordarmos com seriedade o problema da saúde mental. Mas não nos antecipemos aos acontecimentos.

No capítulo anterior, explicou-se que a gestora de nossas emoções (e portanto de nossa felicidade) recorria antes de tudo à memória alterada e, por vezes, simplesmente inventada. A recente incursão da neurociência na área das emoções possibilita que nos aprofundemos nesse mecanismo. Sabemos que o cérebro processa as emoções de forma semelhante à que utiliza para processar a visão ou os movimentos voluntários, ou seja, mediante circuitos neuronais. Também sabemos que as emoções e a parte cognitiva do cérebro funcionam em circuitos separados (apesar de interdependentes) e até relativamente especializados quanto a determinadas emoções, como o medo e a repugnância.

Embora estejamos começando a entender o mapa emocional e se possam identificar muito mais emoções "especializadas", é provável que as duas últimas citadas (medo e repugnância) tenham *status* privilegiado na história da evolução. Elas asseguram que o indivíduo reaja ante situações ameaçadoras (como a presença de predadores ou de membros dominantes da mesma espécie) e ante realidades perigosas (como os alimentos putrefatos, a água parada ou os semelhantes dele que tenham alguma doença contagiosa). Uma das imagens que mais me chocaram na vida me foi mostrada pela primatologista Jane Goodall, grande perita em chimpanzés. Era a foto de um desses primatas, enojado, sacudindo o braço esquerdo com os dedos da mão direita, para que não ficasse vestígio do suposto estigma deixado por uma fêmea do bando rival, a qual lhe implorava misericórdia com a mão estendida antes de ele tê-la despedaçado. Essa guerra territorial entre duas gerações de chimpanzés que haviam escolhido espaços contíguos durou nada menos que quatro anos. Chamaram-na de "Guerra dos Quatro Anos". Jane Goodall descobriu ali, num rincão da selva africana, que os chimpanzés que ela desde pequena idealizava em sua Inglaterra natal podiam protagonizar a violência desalmada característica dos hominídeos (como veremos no capítulo 6, ao refletirmos sobre as causas da infelicidade nas sociedades complexas) sem, entretanto, a abjeta sistematização dos humanos. No reino animal, há domínios e domínios. O poder exercido pelo chimpanzé patriarca pouco se parece com o domínio exercido pelo hominídeo-chefe sobre seus vassalos.

O medo depende de circuitos muito complexos, relacionados à amígdala, o cérebro primitivo. As diferentes partes da amígdala se comunicam entre si. Quando esses circuitos se estabelecem como resposta ao medo, a reação tende a perpetuar-se automaticamente. Os detalhes de tais circuitos já haviam sido estudados em ratos, mas desde 1996 se realizam com humanos uns experimentos que permitem conhecer a forma de armazenar lembranças ligadas à emoção do medo. Agora sabemos, por exemplo, que o cérebro processa informações relativas a ameaças e ao medo até quando a pessoa não se concentra nisso e nem sequer se lembra de ter visto algum sinal de perigo.

Isso significa que podemos facilmente nos tornar presa de condicionamentos e reações inconscientes ao medo, contaminando assim uma profusão de comportamentos aparentemente racionais. Desprogramar tais circuitos é muito difícil, por dois motivos básicos: em primeiro lugar, o medo se armazena de forma quase indelével em nosso cérebro; e, em segundo lugar, reagimos de modo instintivo àquela emoção. A significância disso é descomunal: não apenas a emoção básica do medo condicionaria o cotidiano das pessoas sem que elas soubessem, mas também se estaria indicando que personalidades e historiadores de ideologias tão díspares como o republicano Manuel Azaña e o franquista Ricardo de la Cierva apontaram na direção correta (essa mostrada pelas pesquisas da neurociência moderna) quando atribuíram ao medo os horrores da Guerra Civil Espanhola, horrores fratricidas que durante gerações traumatizariam os espanhóis e mesmo na época comoveram o mundo. Como já dissemos, muitos medos armazenados durante a infância são inconscientes e duram para sempre. Tomara que o conhecimento dos processos de formação da memória não chegue nunca ao extremo de contar com os recursos necessários para saber programar na infância uma dessas reações determinadas para todo o sempre, a serem ativadas toda vez que se produza o estímulo temido ou esperado. Oxalá horrores equivalentes aos de uma guerra civil, em vez de serem o resultado de uma irrupção casual do medo, não constituam o subproduto calculado de uma manipulação da memória na infância.

De outra parte, existe mais uma razão que explica a dificuldade para desprogramar os circuitos do medo. Há muitos mais circuitos celulares que vão da amígdala (gestora das emoções) ao córtex pré-frontal (principal responsável pela capacidade de raciocinar e planejar) do que circuitos que fazem o caminho inverso. Segundo o neurocientista Joseph LeDoux (catedrático na Universidade de Nova York), as conexões neuronais que se estendem do córtex à parte inferior da amígdala estão menos desenvolvidas que aquelas de sentido contrário. Por conseguinte, as paixões exercem maior influência sobre a morada da razão do que o oposto. Depois que a emoção é conectada, fica muito difícil desconectá-la pelo pensamento lógico. Por isso é tão complexo controlar nossas emoções. Advertências como "Não fume", "Beba com moderação" e "Não use drogas" percorrem uma tortuosa estradinha vicinal, ao passo que os impulsos que buscam cigarro, bebida e outras drogas circulam por auto-estradas muito bem sinalizadas. Quer dizer então que as emoções, além de incontroláveis, são também casuais ou aleatórias? De modo algum. Se estivéssemos de todo conscientes da natureza inconsciente daquilo que os neurologistas denominam marcadores somáticos, as emoções seriam previsíveis.

O cérebro associa uma mudança de percepção corporal ou somática à emoção que cria esse estado somático. Por exemplo, associa a imagem de um tigre à emoção do medo; quando essa associação se repete regularmente, converte-se em marcador somático. Os marcadores somáticos são o repertório de aprendizado emocional adquirido ao longo de nossa vida, e nós os utilizamos instintivamente para tomar decisões diárias. Essa bagagem emocional matiza de forma determinante nossa percepção do universo. Como se viu no capítulo anterior, a vantagem de tomar decisões mediante um sistema emocional é que ele constitui um atalho: respondemos de modo automático, comprovado pela experiência, sem necessidade de pensar conscientemente. Isso, porém, acarreta sérios problemas.

Em primeiro lugar, aquele atalho induz a atos excessivos muito difíceis de reprimir. Em segundo lugar, os marcadores somáticos podem estar programados com uma carga desnecessária de emoções negativas, as quais podem ser o resultado de emoções específicas da infância. E, por fim, as emoções, dada sua natureza automática, podem tornar-se um obstáculo na hora de tomar decisões conscientes que favoreçam a felicidade a médio ou longo prazo. Isso posto, fica evidente que a lógica de sobrevivência codificada ao longo da evolução da espécie nos impede (ao contrário do que reza a sabedoria popular) de qualificar as emoções como irracionais e imprevisíveis. As emoções são parte integrante da mente cognitiva, já que participam integralmente na tomada de decisões. Aliás, comprovou-se que os casos de lesão cerebral que afetam o componente emocional do cérebro provocam comportamentos *irracionais*. A impossibilidade de evitar as emoções, a dificuldade de controlá-las e, sobretudo, de reprogramá-las de modo consciente, parece dar razão ao médico e pacifista Albert Schweitzer, Nobel da Paz em 1954, que disse: "A felicidade não é mais que ter memória ruim e saúde boa".

As histórias de Barbara, da sra. K. e de Marta

Com o caminho percorrido até agora, o leitor pode encarar a estrutura das emoções, ainda não com ânimo de decifrá-la em detalhes, mas já com disposição de intuir (à luz de determinados comportamentos) o que ocorre em nível emocional. A seguir, apresentarei três relatos de fundo afetivo que servirão para o leitor ir calibrando sua capacidade de depreender as avenidas da felicidade antes de chegar ao último capítulo, dedicado à formulação concreta dela. Trata-se de personagens de carne e osso que conheci pessoalmente e cuja vida acompanhei durante muitos anos. Sem dúvida, os leitores reconhecerão na conduta das protagonistas dessas histórias o papel que desempenham os fatores aos quais nos referimos antes, como a memória, os marcadores somáticos, a incompatibilidade de linguagens entre o sistema límbico e o neocórtex e, acima de tudo, a presença irresistível das emoções no início e no fim dos intentos humanos.

A vida truncada de Barbara

Barbara K. é uma moça polonesa que quer estudar filologia turca na Universidade de Cracóvia. O pai é dono de uma pequena fábrica de cosméticos. Esta, semiclandestina, fica no porão da casa. O sr. K. gostaria de ter tido um filho varão, que herdasse sua fábrica. Como tem duas filhas e a mais velha mora fora do país, ele pede à caçula, Barbara, que estude química e, assim, o ajude a levar adiante a fábrica, da qual a família sobrevive com dificuldade. Barbara concorda e renuncia à vocação profissional. Na universidade, durante o último ano do curso de química, conhece e se apaixona por um professor casado. O pai de Barbara declara que nunca mais falará com a filha se ela mantiver relações com um homem casado. Barbara renuncia a esse amor. Jamais voltará a apaixonar-se. Quinze anos depois, o pai morre, e ela, solteira, fica encarregada da fábrica e da mãe.

A obcecação da sra. K.

A sra. K. é a mãe de Barbara. Sempre lamentou profundamente que a filha não tivesse se libertado da influência do pai, mas não soube ajudá-la. A vida também é difícil para a sra. K., pois a fábrica fatura cada dia menos e a semiclandestinidade lhe causa muitos receios. A sra. K. tem medo da polícia, da fome, do frio, da solidão. Agora, vinte anos depois que o sr. K. faleceu, a sra. K. vive mal e parcamente em sua ampla casa com a filha Barbara. Elas consideram a possibilidade de vender a casa, mas precisam de espaço para abrigar a fábrica. Além disso, necessitam de um lugar adequado para pendurar a pinacoteca do finado sr. K. Trata-se de uma coleção de pintura polonesa de grande valor, que, graças à discrição da família, conseguiu escapar aos piores tempos da ocupação russa. A família K. se acostumou a viver reservadamente, sem chamar a atenção, evitando convidar conhecidos à casa. Hoje, para chegarem ao fim do mês, prescindem da calefação no inverno. Isso prejudica muito o reumatismo da sra. K., que caminha com dificuldade, mas favorece a conservação dos quadros. A venda de uma única tela da coleção melhoraria drasticamente o cotidiano da sra. K., mas ela prefere cumprir a vontade do falecido. Não conseguiria olhar-se no espelho se falhasse com o sr. K. Está acostumada à vida dura. A única coisa que talvez lamente, às vezes, é que já não ousa deixar a casa vazia, por medo de que alguém entre e roube os quadros; por isso, não pode mais visitar a filha mais velha e o neto, que ela mal conhece, porque moram fora do país há anos. Assim, passa os Natais em companhia apenas de Barbara, a qual prefere ficar com a mãe por receio de que o reumatismo lhe provoque uma queda fatal. Barbara herdará os quadros quando a mãe morrer e, por sua vez, os legará ao sobrinho, Alexandre, que ela também mal conhece.

O cancelamento do casamento de Marta

Marta é de uma família que mora em Barcelona. Passa os verões no litoral, onde ainda menina conheceu Jordi, o filho mais novo do sócio do pai. Os pais de ambos não só trabalham juntos, como também jogam golfe nos finais de semana. As mães pertencem ao mesmo círculo social. Passa-se o tempo, e as famílias filtram amorosamente as amizades e as experiências de Marta. Vêem com bons olhos que ela faça as primeiras incursões amorosas com um rapaz amável e sério como Jordi. Aos dezoito anos, Marta, como todos esperam, começa a sair com Jordi. Inicia os estudos universitários. Estuda advocacia, que dá boa formação geral e serve para qualquer coisa. As famílias consideram que, se os jovens estiverem de acordo, o casamento deixaria todo o mundo feliz. Ao terminar o curso,

Marta, que há anos é a noiva oficial de Jordi, começa a preparar o casamento, aconselhada por sua família e pela de Jordi. Enquanto isso, Jordi se prepara para um *master's degree* nos EUA. Marta gostaria de trabalhar numa ONG no Brasil, mas os pais a aconselham a não sair da Espanha, para seu próprio bem. O Brasil é perigoso, e alguém precisa organizar o casamento para quando Jordi regressar dos EUA. Por fim, Marta arranja emprego na assessoria de imprensa de uma fundação cultural. O trabalho é tedioso, mas o horário é bem compatível com a futura vida de esposa e mãe. Ademais, Marta está muito ocupada organizando o casamento, visitando Jordi em Washington e trabalhando na fundação. Casar-se-ão em 20 de outubro, dia do aniversário de casamento dos pais, seguindo todos os cânones de seu meio social. Três dias antes da cerimônia, Marta, ante a incredulidade do noivo e da família, cancela o matrimônio.

A família de Marta lamenta os estragos que essa decisão acarreta: a dor de Jordi, os grandes inconvenientes para o círculo social e profissional dos pais, os prejuízos financeiros... e o medo de que Marta lamente pelo resto da vida o fato de ter sido "vítima das emoções".

Marta, por sua vez, acha que passou tempo demais sem tomar as próprias decisões, sempre sutilmente coagida por quem a ama (sua família); que não seguiu uma carreira na qual se sentisse útil e necessária; que a relação com Jordi não era tão intensa quanto ela desejaria; que já era hora de planejar o que realmente desejava nesta vida para ficar bem consigo mesma. Marta tomou uma decisão consciente que contradisse sua programação emocional. Essa posição foi um passo além daquela de Barbara, a qual questionava a conveniência de sua vida sem, contudo, atrever-se a mudá-la.

Nesta altura da reflexão conjunta entre o autor e o leitor de *Viagem para a felicidade*, o que pensa o segundo ao entrar nas tormentas emocionais de Barbara, da sra. K. e de Marta?

O que aconteceu a Barbara? Renunciou conscientemente a libertar-se das amarras emocionais? O neocórtex se impôs à amígdala? Ou a decisão contrária acarretava mais possibilidades de aproximá-la da felicidade?

Será o medo a emoção dominante da sra. K., a qual submete a mente cognitiva à programação emocional? Ou será que os marcadores biológicos talhados pelo medo da fome e da guerra lhe asseguraram a sobrevivência pessoal?

A decisão de Marta prejudica o microcosmo familiar? Dado que a criança fica durante muito tempo incapacitada de cuidar de si própria, será que por isso predomina em seu plano instintivo a submissão ao vínculo com o núcleo familiar? Acaso se trata de uma programação emocional concebida para melhorar as opções de sobrevivência da espécie quanto à sobrevivência ou (ainda mais) à felicidade individuais? Mesmo que fracasse o intento de Marta de ter uma existência feliz, não será aconselhável fomentar a consciência individual de que a autonomia sobre a própria vida é fundamental para alcançar certo grau de felicidade, embora essa autonomia seja percebida como perigosa pela sociedade em geral e pelo núcleo familiar em particular?

O quebra-cabeça emocional e a automatização dos processos

Para complicarmos mais o quebra-cabeça emocional, precisamos citar um fato comprovado e surpreendente, característico das coletividades humanas: a história da civilização é a história da progressiva automatização dos processos. Desde que surgiram as primeiras comunidades humanas (há cerca de 10 mil anos), o progresso e a civilização foram sinônimos da automatização sucessiva dos diferentes processos de produção. Avançava-se em riqueza e bem-estar à medida que se consolidavam práticas como a divisão do trabalho ou a mecanização da agricultura. Por acaso se poderá negar que a introdução do piloto automático aumentou os índices de eficácia e segurança no tráfego aéreo? Será possível duvidar de que o advento do trator e a conseqüente automatização da lavoura tenham significado um avanço em relação ao arado manual?

Pois bem: será que se pode aplicar aos processos individuais um raciocínio semelhante? A favor dessa hipótese, teríamos a extrema eficácia dos processos biológicos automatizados, como a respiração, a transpiração ou a circulação sanguínea, quando comparados às vicissitudes das decisões conscientes, como empreender uma viagem, casar, mudar de emprego ou romper um relacionamento. Nesse último caso, a julgar pela experiência, a porcentagem média de acertos não costuma superar a de erros. Seja como for, deixa-nos de cabelo em pé pensar como seria a vida (ou o que dela restaria) se reatribuíssemos ao domínio consciente o que agora são processos automáticos (a respiração, por exemplo). Tudo indica que nos encontramos numa situação na qual a progressiva automação dos processos coletivos põe a nu a alarmante ineficácia daqueles processos que ainda não foram automatizados. Para não nos aprofundarmos na infinidade de exemplos da vida amorosa (teria sido o casamento programado de Marta o equivalente a um processo automático no qual se interferiu consciente e desnecessariamente?), talvez seja igualmente ilustrativo detectar as ineficiências criadas no mundo empresarial quando não se automatizam processos que deveriam sê-lo.

Com a louvável intenção de conter o déficit operacional da Televisión Española (TVE, uma estatal), vigora ali uma norma administrativa que, para aprovação de qualquer despesa de viagem de seus milhares de funcionários, exige nada menos que a assinatura do diretor-geral, que trabalha na sede administrativa, em Madri. Como diretor de *Redes* (programa que, transmitido pelo segundo canal da TVE, destina-se à divulgação pública da ciência), constatei quanto a não-automatização de um processo administrativo perfeitamente automatizável pode originar disparates como o prejuízo na diferença entre o preço mais camarada de uma passagem que poderia ter sido comprada com muita antecedência, no momento em que se planejou determinada viagem, e o preço elevado de uma passagem adquirida na última hora, quando enfim chega a autorização administrativa. A definição do âmbito reservado aos processos conscientes, por um lado, e daquele atribuível aos processos automatizados, por outro, é relevante não só para a viagem à felicidade, mas também para os cálculos da relação custo-benefício na vida empresarial.

De novo a tristeza maligna

É o momento de retornar ao moderno vendaval da infelicidade: a depressão. O impacto desta é tão grande que ela pode ser tomada como gêmea da própria infelicidade. Na realidade, as duas são a mesmíssima coisa. A depressão tem dois efeitos muito preocupantes em nossas vidas como indivíduos e como sociedade: por um lado, limita ou anula a capacidade de ser feliz; por outro, representa, junto com as doenças mentais, 15% das enfermidades nos países desenvolvidos. A depressão aguda é a segunda das doenças que mais afetam os americanos, de acordo com esta relação do National Institute of Mental Health (NIMH):

1. cardiopatia isquêmica
2. *depressão aguda*
3. doença cardiovascular
4. alcoolismo
5. acidentes de trânsito
6. câncer
7. demência
8. osteoartrite
9. diabetes

Entre os maiores de cinco anos, a depressão é a maior causa de invalidez no mundo, quando medida em termos de anos vividos com o problema causador. (Na Espanha, a situação difere um pouco, já que os acidentes de trânsito ocupam lugar de destaque e relegam a depressão a uma posição menos chamativa entre as causas de invalidez.) Estima-se que, conforme a população mundial envelhecer e as doenças contagiosas forem erradicadas, os quadros psiquiátricos e neurológicos aumentarão em número e poderão chegar a 15% das doenças globais em 2020. O efeito disso sobre a população ativa é muito grave. Embora se esteja conseguindo erradicar em boa medida as doenças provocadas por fatores extrínsecos, invade-nos a tristeza maligna que germina na parte mais recôndita de nosso ser.

Ao analisarmos as causas da depressão, fizemos até agora referência ao medo, o qual induz às vezes uma ansiedade necessária e outras vezes o desespero. No mesmo contexto, constatamos a avassaladora primazia das emoções sobre a razão. O outro lado da moeda é (como mostram o histórico do cancelamento do matrimônio de Marta ou o caso de algumas práticas administrativas da TVE) a interferência das decisões conscientes nos processos supostamente automatizáveis ou automatizados. Quais as outras causas de infelicidade que conhecemos?

Quando se define a felicidade como uma emoção, está-se sugerindo que ela, assim como todas as emoções, é efêmera e que, portanto, o primeiro a chegar à meta da infelicidade será aquele que continuamente procurou ser feliz. Como disse Jung, "até uma vida feliz comporta certa angústia, e a palavra *feliz* perderia seu sentido se não viesse compensada por certa tristeza". O psicólogo James Hillman expressava isso com as seguintes palavras:

> A recusa a enfrentar a emoção – recusa que é uma má-fé do consciente – constitui a pedra de toque de nossos tempos de ansiedade. Nós não encaramos as emoções honestamente, não as vivemos conscientemente. A emoção fica presa como um tétrico pano de fundo, enchendo de sombra nossas vidas e expressando-se à força, de forma violenta. A terapia para esse mal depende inteiramente de mudarmos nossa atitude consciente para com as emoções. Devemos aprender a valorizar mais as emoções que a consciência.

A busca da felicidade (assim como a busca do sucesso) sempre implica aceitar limitações e reconhecer a natureza ambígua dos humanos. Só o fato de reconhecermos fisicamente as emoções que acompanham o estado emocional já tem certo valor terapêutico. O medo, por exemplo, costuma vir acompanhado de uma sensação de ardor no estômago e de rigidez nos músculos; a raiva se caracteriza por um aumento da energia agressiva e da temperatura corporal; e assim por diante. Quando um indivíduo está consciente do tipo de emoção que vivencia, seus lobos pré-frontais podem moderar a resposta emocional. É mais importante concentrar-se nas mudanças fisiológicas que ocorrem do que se ensimesmar com os pensamentos que as desencadearam.

As limitações do cérebro

Outra das razões internas e inatas da infelicidade obedece não só aos processos neurológicos analisados até aqui, mas também às limitações óbvias do cérebro. Nós, talvez imersos no ridículo e prepotente afã de nos diferenciarmos dos outros animais, temos repetidamente superestimado a singularidade de nosso cérebro. Ele até já foi denominado “a máquina mais perfeita do universo”. A verdade, porém, é outra. O cérebro tem sérias limitações, perfeitamente compreensíveis quando consideramos a localização dele. Os humanos (diferentemente dos crustáceos, que têm o esqueleto por fora e a carne por dentro) levam o esqueleto e o cérebro no interior e a carne no exterior do corpo. Como disse o neurologista colombo-americano Rodolfo Llinás (catedrático de neurociência na Universidade de Nova York), o cérebro humano está totalmente às escuras. Sua única maneira de conceber o que ocorre no exterior é interpretando a custo as mensagens codificadas que lhe chegam através dos olhos (muito afetados por conjuntivites e deficiências visuais), ouvidos (atacados pela otite) e células gustativas (deterioradas e forçadas a recorrer às células olfativas, mais sofisticadas, para definir o sabor das coisas). Em tais circunstâncias, não é de se estranhar que as lucubrações do cérebro ampliem ou subestimem a realidade exterior, com o conseqüente impacto negativo sobre as emoções e as condutas do indivíduo. Os físicos costumam dizer que uns 90% da realidade são invisíveis; os neurologistas afirmam que "o cérebro não busca a verdade, e sim lucubra para sobreviver" (nas palavras de Richard Gregory, professor emérito de neuropsicologia da Universidade de Bristol); e os fisiologistas lembram que os circuitos das percepções cerebrais são extremamente complexos e, portanto, vulneráveis.

Por conseguinte, não é de estranhar que se questione a capacidade do cérebro para acumular e recordar todas as informações necessárias para formar, ao longo de toda a vida, uma idéia completa de cada fato que se origina no exterior. Mais: há quem se resigne a reconhecer que o cérebro, ante a impossibilidade de gerir toda a informação disponível e necessária para avaliar um fato, uma personagem ou um processo, opta por conceitualizá-los em modelos abstratos. Em face de uma realidade inabarcável em toda a sua extensão (diz o neurocientista Semir Zeki, que já encontramos no capítulo 2), o cérebro cria modelos abstratos e quase perfeitos (da casa, do homem, da mulher ou do carro ideais) que contrastam com a banalidade cotidiana. Como seria de esperar, a comparação raras vezes é lisonjeira para a coisa, o indivíduo ou o processo individual em questão, pois nunca chega a corresponder de todo ao modelo abstrato e idealizado. O resultado é um estado de constante insatisfação, que estaria na base da depressão generalizada.

Essa limitação do cérebro para estruturar as experiências vividas foi teorizada por Aaron Beck há muitos anos, na Universidade da Pensilvânia, e suscitou um dos elementos mais sólidos e bem-sucedidos no arsenal das terapias antidepressivas: as chamadas terapias cognitivas. Toda pessoa tem uma forma própria de pensar, de estruturar as experiências acumuladas, e alguns sempre o fazem demonstrando preconceito contra si próprios. Existe determinada maneira de pensar que consiste em pensar mal de si mesmo:

"Pelo tom de voz de minha mãe ao telefone, está claro que ela não me ama", diz o paciente ao médico.

O médico, disposto a utilizar a terapia cognitiva, retruca:

"Não está claro coisa nenhuma. O que acontece é que o senhor pensa mal."

Justamente por estar às escuras, o cérebro precisa ter constantemente a sensação de que controla a situação, de que tudo tem explicação, de que os acontecimentos não lhe escapam. Ademais, já há bastante incerteza sobre a percepção do universo exterior para que o cérebro (de sua câmara escura) aceite de bom grado perder o controle! Só que às vezes o perde. E aí, com toda a probabilidade, está a razão primordial da infelicidade e da depressão. A mais contundente prova experimental disso foi dada em fins da década de 1970 pelo psicólogo Martin Seligman (o qual, anos depois, escolheria o estudo da felicidade até se tornar um dos especialistas mais mundialmente reconhecidos nesse campo). O experimento se realizou fora de hora, no sentido de que passou praticamente despercebido. Na época, ao contrário de hoje, a comunidade científica não pesquisava nem o papel avassalador que as emoções desempenham, nem os obstáculos que se interpõem na viagem à felicidade.

O experimento de Seligman consistia em submeter cinco ratos, cada um em seu cubículo, a uma descarga elétrica intensa e totalmente aleatória, ou seja, inesperada para os ratos. Entretanto, um deles tinha em seu cubículo uma alavanca que, se movida corretamente, interrompia a corrente elétrica para todos. Em outras palavras, a única diferença entre os cinco ratos era que um deles tinha uma alavanca e, às vezes, a sensação de que controlava a situação de alguma maneira. Ao final do experimento, porém, todos os ratos haviam recebido o mesmo número de descargas de mesma intensidade.

Será que o leitor consegue imaginar o impacto disso sobre a saúde dos ratos?

Após seis semanas, o sistema imunológico de quatro deles estava arruinado; o sistema emocional se exaurira, e a depressão acabou com suas vidas. O rato que dispunha da alavanca e, ocasionalmente, tinha a sensação de exercer uma résquia de controle sobre o que afligia a ele e seus companheiros de cativeiro morreu tal qual os primeiros, só que muitos meses depois. Estudei esses resultados pela primeira vez há alguns anos, e desde então, sempre que meus alunos do Instituto Químico de Sarrià (Barcelona) me pedem uma opinião sobre as possibilidades profissionais de seus estudos, eu lhes sugiro que só aceitem trabalhos com alguma alavanca de controle (por mais ínfima que seja) e que nunca aceitem (ainda que lhes ofereçam muito dinheiro) um posto no qual nada nem ninguém dependa do que eles pensem. O número de casos de depressão entre meus ex-alunos que encontraram trabalho é certamente menor que o de outros centros, porque eles não terão esquecido as palavras do grande psicólogo Brent Atkinson:

> Embora nosso cérebro racional seja poderoso e constitua equipamento indispensável para os humanos, ele só conseguirá nos guiar se aceitarmos que as reações do cérebro primitivo para sobreviver ainda estão à espreita na estrutura neuronal de todos os mamíferos, aí incluído o orgulhoso humano cerebrado.

Os fluxos hormonais

A simples perda de controle pode explicar determinados tipos de depressão, mas não situações alarmantes como a depressão melancólica e o suicídio. Para entendê-las, precisamos recorrer às reações cerebrais às quais Atkinson se referia. Dentre as principais reações do cérebro primordial, figuram os fluxos hormonais.

Se comparado aos ácidos nucléicos, um hormônio é uma molécula diminuta (embora seja enorme se comparado ao gás carbônico ou ao benzeno), mas provoca diversos impactos de transcendental importância. Trata-se de um mensageiro químico que vai de uma célula (ou grupo de células) a outra. Todos os organismos pluricelulares secretam hormônios, os quais chegam à célula-alvo na forma de sinal de alerta, o que desencadeia ações determinadas pela natureza do hormônio que foi secretado e pela interpretação que o tecido receptor deu ao sinal. (Sem pretendermos atacar aqui a convicção dos que crêem que a capacidade de comunicação diferencia os hominídeos das demais espécies, é duplamente fascinante constatarmos que as bactérias também secretam moléculas sinalizadoras que são captadas por outras bactérias.)

Avançou-se muitíssimo no estudo do papel que os fluxos hormonais desempenham no estresse, por exemplo. Mas, quando dizemos que se avançou muitíssimo, estamos nos referindo aos marcadores somáticos, suscetíveis de ativar os fluxos hormonais nos períodos exatos em que esses fluxos deixam marca indelével (entre a oitava e a 14ª semana de gravidez; entre o quinto mês do feto e o nascimento; e, por fim, na puberdade), e estamos aludindo aos percursos dos circuitos neuronais, conhecidos graças aos estudos realizados com animais. Tanto que, em certa ocasião, numa videoconferência com Robert Sapolsky (professor de biologia e neurologia na Universidade Stanford), ao refletirmos sobre os impactos dos fluxos hormonais, ele alardeava que conseguiria diagnosticar à distância, *online*, o estado emocional de um desconhecido que estivesse do outro lado do planeta se lhe chegassem devidamente registrados os dados relativos à pressão arterial, à temperatura e às descargas hormonais. "Eu saberia o que ele estaria passando – com uma exceção", acrescentou, com seu característico senso de humor. "As afinidades entre os estados de ânimo do amor e do ódio são tão notáveis que eu até me daria conta de que algo forte acontecia, mas seria incapaz de determinar se duas pessoas estariam se matando ou fazendo amor."

Todavia, continuamos sem entender por que aos hominídeos (diferentemente dos outros animais) basta imaginar que vão ter alguma dificuldade para já sofrerem com ela e desencadearem impactos idênticos aos provocados por uma ameaça real. Como o próprio Sapolsky explica em seu livro *Why zebras don't get ulcers?*, quando um desses animais é atacado por uma leoa, pode ocorrer uma destas duas coisas: ou ele ser devorado, ou correr e, com sorte, salvar-se. No segundo caso, o impacto dos fluxos hormonais durará o tempo necessário para que a zebra se recomponha do susto e recupere a condição de animal livre e feliz. Já aos humanos basta imaginar uma leoa para que, mesmo estando eles em plena Quinta Avenida, o processo de descargas hormonais lhes cause estragos físicos idênticos aos que ocorreriam se aquilo fosse real. No capítulo 6, nós nos aprofundaremos nessa singular capacidade humana de imaginar a desgraça, e o leitor encontrará ali a versão completa de minha conversa com Robert Sapolsky.

Pois bem: os fluxos hormonais não são apenas responsáveis pelo estresse. Há pouco tempo, descobriu-se que repetidas situações estressantes podem lesionar a região cerebral do hipocampo, a qual está particularmente envolvida nos processos da memória e do aprendizado. Os glucocorticóides, tipo de hormônio secretado pelo córtex das glândulas supra-renais em períodos de estresse, são fatores decisivos no processo tóxico. À luz de outros experimentos, realizados pelos especialistas da equipe do psiquiatra Simon Baron-Cohen (catedrático de psicopatologia do desenvolvimento na Universidade de Cambridge e diretor ali de um centro de pesquisas do autismo, doença da qual é considerado uma das maiores autoridades mundiais), parece que o poder dos hormônios também é determinante em âmbitos inesperados, como a diferenciação e até a orientação sexual, marcadas por descargas hormonais na etapa pré-natal.

Quando se fala das causas internas da felicidade, fica a cada dia mais difícil aceitar a superada concepção (outrora considerada progressista) de que os fatores determinantes são de ordem externa e estão condicionados pela vontade social. No mínimo, o que está claro é que os fatores externos não são os únicos que contam. Já é hora de essa reflexão ser tomada pelo bom senso. Por um lado, o pensamento reducionista crê que a biologia basta para explicar o comportamento humano. Assim, "altos níveis de testosterona significam altos níveis de violência". Por outro lado, o pensamento denominado às vezes social, às vezes progressista (e sempre aberrante, qualquer que seja seu nome), nega-se terminantemente a aceitar que a biologia e a genética podem determinar não só o comportamento, mas também as atitudes e as orientações sexuais. "O comportamento diferenciado da média da população feminina em relação à masculina se deve a causas puramente culturais e ambientais", afirmam equivocadamente os partidários do meio (*nurture*) no debate que mantêm com os defensores do determinismo biológico (*nature*).

Que tal simplesmente aceitar os resultados da experimentação e da demonstração? Experimentos realizados *ad nauseam* comprovam que muitos tipos de depressão podem ser curados com terapias puramente cognitivas; nenhuma terapia gênica se faz necessária. Mas as mesmas terapias cognitivas não dão resultados com outros pacientes (maníaco-depressivos, por exemplo). Em outro âmbito, os experimentos demonstram que a testosterona amplia, mas não desencadeia, a reação aos gatilhos ambientais de condutas agressivas; ou seja, para exibir comportamentos violentos, não basta ter testículos que secretem eficientemente testosterona. Por fim, o chamado cociente digital (nos homens, o dedo indicador tende a ser menor que o anular; nas mulheres, os dois tendem à igualdade) é resultado de uma diferença claramente biológica entre os sexos, fruto dos fluxos hormonais distintos durante o período fetal. Aliás, a diferença no cociente digital já é visível na tenra idade dos dois anos, muito antes que os fatores culturais ou ambientais tenham podido intervir.

Até agora, temos examinado o impacto de emoções básicas (o medo, por exemplo) como causas internas que podem arruinar a felicidade; as interferências desnecessárias dos processos conscientes na tomada de decisões; o empenho em não aceitar o caráter efêmero da felicidade; as limitações do cérebro no tratamento da informação, o que o leva à idealização de objetos e pessoas; os preconceitos que certas pessoas têm contra si mesmas e que distorcem a realidade; a perda de controle; e os fluxos hormonais. Mas, para além da enumeração dos fatores internos da infelicidade, o dilema básico que desperta a curiosidade dos cientistas e do público em geral é este: são as descargas de testosterona o que gera situações de violência? Ou são essas situações o que causa as descargas hormonais? São os ambientes adversos o que provoca graus elevados de instabilidade temperamental? Ou é a instabilidade temperamental herdada o que gera ambientes violentos? A solução jaz na resposta a tais perguntas. A boa notícia é que, atualmente, vários cientistas trabalham para elucidar essa incógnita.

A maioria das pessoas não se deprime em face da adversidade. Algumas até crescem nessas circunstâncias. O psiquiatra Kenneth Kendler, da Virginia Commonwealth University (Richmond, EUA), está calculando o denominador comum das posições apontadas como conseqüência de um achado de tremenda importância: a instabilidade temperamental de determinados pacientes é relativamente fácil de rastrear em idades muito anteriores à condição de adulto, ou seja, antes que essa instabilidade se torne patológica. É cedo demais para nos arriscarmos a dizer qual classe de gene ou de grupo de genes – os encarregados de transportar a serotonina no cérebro, talvez? – seria responsável pela infelicidade que gera a depressão aguda. Mais: ainda não sabemos exatamente o que se herda. Entretanto, já se estão determinando as bases genéticas da ansiedade – ou, para falarmos mais claramente, já se comprovou que existem pessoas com um gene que se expressa de forma tal que elas experimentam maior instabilidade emocional do que outras que, submetidas a fatalidades ou pressões ambientais similares, mostram-se dotadas de expressão genética distinta. Esse achado não acarreta o fim da incerteza acerca do que ocorre no interior de nós mesmos, mas já se virou a última página de um capítulo no qual as trevas e a ignorância criavam obstáculos para a viagem à felicidade.

Capítulo 5

Os fatores externos da felicidade

A herança da espécie

Se a felicidade é um torvelinho de genes, cérebro e coração (como sugerem os capítulos anteriores), por que quem busca a felicidade se lança a uma corrida incessante atrás de iscas externas como o dinheiro, o trabalho, a saúde ou a educação? De cara, já parece suspeito que, sendo a depressão o símbolo mais emblemático da infelicidade (ou, pior, o subproduto de olhar o próprio umbigo até enrolar-se nos intestinos, segundo Susan Greenfield, professora de farmacologia na Universidade de Oxford), a felicidade, essa antítese da depressão, deva-se a fatores externos. Não faz muito sentido.

Para responder à pergunta do parágrafo anterior, é essencial entender o que os paleontólogos denominam perspectiva geológica do tempo. A diluição de um processo de mudança evolutiva em milhões de anos impede realmente que se possa conciliá-lo com o mundo imaginado por um cérebro de vida efêmera. A orientação das fibras de colágeno num fóssil humano de 3 milhões de anos ajuda a entender a estrutura e a função atual de um osso, mas nenhuma mente é capaz de abarcar a perspectiva geológica do tempo, pois o conhecimento acumulado por fósseis sepultados há milhões de anos se perdeu com eles para sempre. Ninguém mais consegue recorrer a esse conhecimento para explicar, por exemplo, as funções de determinado osso.

Tomemos outro exemplo de um âmbito totalmente extinto: a conquista dos números pela espécie humana. Não há dúvida de que, muito antes dos tempos babilônicos, o homem primitivo já aprendera a distinguir de um lobo solitário e faminto que podia atacá-lo o resto da alcatéia: havia o *um* e havia o *resto*. Com o um, teve início a matemática. Quantos milhares de anos se passaram então até aqueles hominídeos, que desde tempos imemoriais haviam se apercebido de que todo o mundo parecia ser dotado de dois braços, duas pernas ou dois seios, terem-se fixado nessas semelhanças (graças às quais acabariam dando com a abstração do *dois*) e não nos contrastes entre um único lobo e o resto da alcatéia? Aí, a nova ciência da matemática já contava com o 1, com o 2 e com a sobra. Depois viriam o 3, o 4...

Nossos antepassados, acostumados a sentir medo dos ursos e das cascavéis, demoraram tanto ou mais tempo do que requereu a invenção da matemática para perceber que a felicidade ou a infelicidade podiam brotar também de suas entranhas, e não só do universo que os rodeava. De tanto terem experimentado sensações afins mas desencadeadas por estímulos distintos (como um leão ou uma aranha), acabaram se fixando nas semelhanças e deduzindo que sentiam o mesmo que outros. No exato momento em que um deles percebe que a repentina aceleração do ritmo cardíaco é desencadeada por eventos díspares como a vertigem ao vacilar diante de um abismo, a falta de ar ao submergir repetidas vezes, exausto, para alcançar a margem oposta do rio ou as ameaças proferidas por um grupo de canibais pintados de vermelho – nesse exato momento, quando a diversidade exibe seu denominador comum e, mediante processo de abstração, o homem primitivo atina com o conceito que a define, é que nasce sem querer a consciência da emoção do pânico.

O que aqui resumimos em poucas linhas levou milhares de anos para consolidar-se. Ou seja: a reflexão sobre o impacto dos acontecimentos prévios (como os fluxos hormonais, descritos no capítulo anterior, ou a destruição de determinados tipos de valor no contexto da felicidade) é muito posterior à busca desesperada por fatores externos. Embora tais comparações sejam sempre odiosas, nós, em termos emocionais, estamos na fase equivalente ao número 2 na evolução matemática; isto é, na pré-história. Continuamos pensando que a felicidade ou a infelicidade são induzidas pelas emoções que os outros desencadeiam; pelos medos que o trabalho provoca; pela segurança que os bons estudos e o dinheiro proporcionam. Ainda tendemos a acreditar que tanto a fonte da felicidade como a da desgraça dependem de outrem, do resto da manada. E, com essa visão das coisas, teimamos cegamente em examinar um fator depois do outro, avaliando-os em separado, correlacionando-os graças a nossa capacidade metafórica e chegando a conclusões como, para darmos só um exemplo, "A saúde é menos importante que as relações com o parceiro".

Continuemos com o paralelismo entre as emoções e a matemática. Sabemos hoje que Galileu se equivocava ao achar que as matemáticas estão no universo e que basta descobri-las pouco a pouco. O que acontece é o contrário: claramente, nós é que inventamos a matemática; aliás, a cosmologia moderna sugere que mesmo as leis da física que conhecemos poderiam não reger outros universos. O mesmo se dá com as emoções. Nós as inventamos. Elas não estavam esperando aí fora para que as descobríssemos. Pois bem: assim como a matemática que inventamos se adapta a nossa percepção do universo, cheio de retas, arestas e seções transversais precisas (o astrônomo Mario Livio, durante muitos anos administrador do projeto que analisa as imagens enviadas pelo telescópio espacial *Hubble*, gosta de dizer que, se houvéssemos sido dotados de visão infravermelha e portanto borrada, teríamos inventado uma matemática diferente da euclidiana), as emoções que inventamos também se adaptam a nossa visão particular dos organismos e da matéria. Nesse sentido, podemos concluir que simultaneamente inventamos e descobrimos as emoções, tal como fizemos com a matemática.

Mas com uma diferença muito importante. A evolução do universo rumo à entropia e à desordem não afeta sua aparente continuidade: as forças eletromagnéticas e nucleares, a temperatura, a velocidade da luz ou a relação matéria-antimatéria permanecem constantes, de maneira que as leis da física seguem vigorando. Já a diversidade e a natureza cambiante (quando não claramente desconcertante e enganosa) dos seres vivos tornam mais difícil a correspondência com um sistema emocional predeterminado. Mas, se a permanência das leis da física ajusta-se à imperturbabilidade do universo, o sistema emocional, orquestrado para lidar com os organismos vivos, bate de frente com uma diversidade desconcertante. Uma aranha ou uma cobra nos assustam, mas um átomo radioativo ou um cogumelo venenoso nos deixam indiferentes porque o primeiro não vemos e o segundo é bonito. Como poderia o sistema emocional desconfiar da beleza se a evolução lhe inculcou exatamente o contrário? Quando muito pequenas, duas de minhas netas, Alex e Ticiana, se assustavam e se punham a chorar quando eu ia visitá-las ao retornar de viagem. Minha cabeleira já escassa mas ainda encrespada pelos cachos as alertava para o fato de que uma personagem estranha acabava de irromper no ambiente familiar. O sistema emocional as punha em guarda, ainda que (como lhes ocorreria tantas vezes quando ficassem maiores) em falso. Com essa ressalva (que emana da natureza equívoca dos organismos vivos, em contraste com a da matéria inerte) e o conhecimento de que o segredo da felicidade (como se verá mais adiante) jaz dentro de nós mesmos, dedicamos este capítulo aos condicionantes externos.

Quando a vida deixou de ser o que era

As rochas da formação de Isua (Groenlândia) têm uns 3,8 bilhões de anos. Nelas não há vestígios de vida, mas há sinais de que continham água, indicando que a vida já poderia ter-se desenvolvido então. Pouco depois, começou a configurar-se no planeta Terra um fascinante espetáculo de colaboração. Os primeiros organismos, provavelmente células ainda desprovidas de núcleo genético em seu interior (similares às bactérias de hoje), campeavam cada um por si naquele meio abrasador. Graças ao processo de fotossíntese, captavam o gás carbônico do ar, a energia do sol e os sais minerais do solo, como fazem hoje as plantas para sintetizar matéria orgânica. Mas havia uma grande diferença: a fotossíntese das plantas é oxigênica, rompendo uma molécula de gás carbônico (CO_2) e liberando oxigênio; nos tempos primevos, contudo, a fotossíntese era anoxigênica, rompendo o sulfeto de hidrogênio (H_2S), e não a água.

Pois bem: os processos de alimentação dos primeiros protagonistas do planeta (por que é tão esquecida a etapa primordial da vida?) não precisavam exercer a violência para depredar os demais. Aquelas comunidades pacíficas já eram regidas por critérios de eficácia que as levaram à cooperação contínua entre elas. O objetivo da sobrevivência, e portanto da felicidade, passava por um sofisticado exercício de cooperação entre os organismos primitivos. A constatação do que biólogos como Lynn Margulis (professora da Universidade de Massachusetts) denominaram endossimbiose levaram esses pesquisadores a postular que, na história da evolução, imperou mais a colaboração que a concorrência desapiedada entre as espécies pela sobrevivência.

Enquanto as cianobactérias iam oxigenando a atmosfera, outras bactérias suportavam mal tanto os processos de oxidação desencadeados quanto a crescente reatividade do ar. O aparecimento do oxigênio, letal para a maioria dos organismos, provocou um verdadeiro holocausto. Assim, aquelas células se aliaram entre si para formar organismos pluricelulares mais adaptados ao novo meio oxigenado. À primeira célula eucariote sucederam-se, num intervalo de 400 milhões de anos, as primeiras algas marinhas. Algumas espiroquetas mais velozes que a maioria dos demais organismos também acabaram penetrando a muralha da membrana celular, trazendo ao conjunto, em troca de alimento, as vantagens de sua rapidez. Aquelas mitocôndrias e cloroplastos que haviam chegado em "balsas" aos confins dos primeiros organismos complexos (os quais uns e outros ajudaram a formar) continuam regulando hoje, bilhões de anos depois, os sistemas de respiração e abastecimento energético das plantas e animais.

Que importância tem compreender a endossimbiose para definir o âmbito exterior da felicidade? A própria Lynn Margulis responde brilhantemente à pergunta:

> Costumamos esquecer quanto a vida na Terra é interdependente. Sem a vida microbiana, afundaríamos nas fezes e sufocaríamos no gás carbônico que exalamos. É impossível julgar a história da evolução de maneira equilibrada se a concebemos apenas como uma fase preparatória para a vida, mais complexa, dos seres humanos. A maior parte da história biológica foi microbiana. O caráter antiquíssimo, vasto e fundamental de nossa interdependência com outras formas de vida deveria nos conferir certa humildade e assentar as bases para que pudéssemos encarar o futuro sem falsas ilusões. Apesar de nossos contínuos achaques, somos tão exploradores quanto vítimas – consumimos outros seres tal qual somos consumidos por eles. A moral da história da evolução é que só pela preservação de outras espécies, mediante a interação ou a criação de redes com elas, e não pela subjugação, poderemos evitar o fim prematuro da nossa.

Um organismo que só pensa na sobrevivência própria destruirá inevitavelmente seu meio ambiente e, por conseguinte (como hoje se pode comprovar), a si mesmo. No final do século XX, as teorias de Lynn Margulis ajudaram muitíssimo a reforçar uma sensibilidade ecológica específica. Elas também estimularam o surgimento de pesquisas interdisciplinares nos campos tradicionais da biologia e da geologia. Colaboraram muito, em suma, para que se superassem os rígidos cânones do pensamento científico clássico.

Quando perguntam a Lynn o que é a vida, ela responde tratar-se de uma onda estranha e vagarosa que pratica windsurfe por sobre a matéria:

> É um caos artístico controlado, um monte de reações químicas de tal complexidade que a viagem iniciada há quase 4 bilhões de anos continua agora em forma humana, capaz de escrever cartas de amor e utilizar computadores de silício para calcular a temperatura da matéria na origem do universo.

É uma definição muito semelhante à de outro amigo que, assim como Lynn, conheço e admiro há muito tempo: o biólogo Ken Nealson, principal pesquisador do Jet Propulsion Laboratory da Nasa. "A vida", diz ele, "é um equívoco."

Eu colaboro, tu colaboras

Se Lynn Margulis tem razão (e hoje poucos discutem isso, apesar do alvoroço que os primeiros achados dela causaram), o âmbito exterior da busca dos primeiros organismos por sossego e felicidade se desenvolveu numa sociedade cooperativa. Era um cenário que estava muito longe da etapa na qual, milhões de anos depois, o metabolismo de outros seres vivos os forçou à violência e à depredação. "A partir do momento em que a primeira ameba engoliu uma bactéria viva para alimentar-se", disse Ken Nealson, "o mundo nunca mais foi o mesmo." Tal qual os humanos, aquela ameba desconhecia o processo de fotossíntese. A partir de então, os organismos podiam encontrar a felicidade ou, pela primeira vez, enfrentar a infelicidade. Impôs-se empreender a viagem à felicidade.

Quando se define a endossimbiose como a colaboração e a interdependência construtivas, pode-se estabelecer um paralelismo entre os seres humanos e sua organização social recorrendo à chamada teoria dos jogos. No dia-a-dia, costumamos pensar que o resultado obtido num jogo ou qualquer atividade afim é fruto do esforço individual e, quando muito, da sorte. Mas a história da evolução mostra que tanto nós como o resto dos animais estamos imersos num "jogo" no qual, por mais que teimemos no contrário, o resultado está condicionado ao comportamento dos demais. O prêmio almejado pode ser cobiçado por outro com o mesmo afinco, mas com mais sorte. O final do processo depende não apenas de nós mesmos, mas também dos outros, e, para complicar mais as coisas (esse costuma ser um dos constrangimentos da vida), não temos como controlar as decisões do companheiro ou do adversário. Os participantes de um jogo podem planejar várias alternativas que, entretanto, dependerão das decisões tomadas pelos outros participantes, e o resultado final pode variar no espectro de possibilidades que vai do ótimo para os dois ao catastrófico para ambos. A teoria dos jogos é aplicada tanto na guerra quanto na paz, quer na biologia, quer nas empresas, mas sustém igualmente decisões individuais diretamente relacionadas à busca da felicidade.

Aliás, existe um modelo clássico (estudado em todas as escolas de administração de empresas) que foi aplicada a diversas disciplinas: o famoso "dilema do prisioneiro". Na vida, ocorrem às vezes situações nas quais o empenho absoluto para ganhar do outro sem concessões leva ao desastre para ambos. É o caso do dilema do prisioneiro, cujos fascinantes mistérios e corolários encheram estantes inteiras com livros e reflexões dos autores mais famosos e audaciosos.

Em que consiste o jogo? A polícia detém dois suspeitos de terem assaltado um banco. Como não existem provas suficientes para condená-los, ela separa os dois acusados e lhes propõe um mesmo acordo: se um deles se tornar delator e o outro não confessar nada, o que não disser nada será condenado a trinta anos, e o que confessar será absolvido. Se os dois se calarem e as provas continuarem sendo insuficientes, ambos serão condenados a seis meses por um delito menor (nesse cenário, a posse de arma). Se os dois confessarem, ambos serão sentenciados a dez anos de prisão.

Quadro 1
O dilema do prisioneiro

	prisioneiro 1 **se declara inocente**	prisioneiro 1 **confessa**
prisioneiro 2 **se declara inocente**	6 meses + 6meses = 1 ano	30 + 0 = 30 anos (prisioneiro 2)
prisioneiro 2 **confessa**	0 + 30 = 30 anos (prisioneiro 1)	10 + 10 = 20 anos

Parte-se do princípio de que os suspeitos são completamente egoístas e só querem reduzir ao máximo a própria pena. Eles têm duas opções: ou cooperar com o cúmplice e calar-se, ou trair o cúmplice e confessar. O resultado de cada opção depende, por sua vez, da opção do outro suspeito. Entretanto, nenhum dos dois conhece a decisão do comparsa: mesmo se pudessem conversar entre si, não teriam como confiar um no outro. Se cada prisioneiro previr que o cúmplice irá calar-se, a melhor opção pessoal será confessar, pois isso o colocará imediatamente em liberdade, enquanto o cúmplice ficará na prisão por trinta anos. Para quem trair, essa opção também será mais rentável que se calar, pois, embora seis meses sejam uma pena leve, ela é pior que ser libertado de imediato. Se o outro prisioneiro desconfiar (como é natural) que seu cúmplice confessará ou o enganará, a melhor tática será confessar, já que, em troca de dez anos de sentença para cada um dos prisioneiros, isso evitará os trinta anos de prisão. A confissão é a estratégia que se impõe para ambos os prisioneiros.

A ironia de tal resultado é que os dois decidem confessar e submeter-se a dez anos de prisão quando poderiam muito bem ter cooperado, cumprindo apenas seis meses de prisão cada um. Portanto, no dilema do prisioneiro, a lógica da busca do máximo benefício a todo custo leva a renunciar ao benefício mútuo da opção cooperadora.

Aparentemente, uma das poucas coisas claras que podemos depreender do imenso acúmulo de análises sobre a teoria dos jogos (realizadas em inúmeros campos do conhecimento) é que, no mundo biológico, a vigência dela se mostra maior entre as espécies animais que no comportamento humano. Vejamos um exemplo representativo dos dois casos. Entre as outras espécies, a rigidez do dilema do prisioneiro aflora com assombrosa precisão, como ocorre com os lagartos da espécie *Uta stansburiana*, do sudoeste dos EUA. Nessa espécie, existem três tipos de macho, geneticamente diferenciados: os "pouco agressivos" (monógamos que defendem território pequeno); os "muito agressivos" (polígamos que têm muitas fêmeas e defendem território grande); e os "infiltrados" (que não se restringem a nenhum território e têm tamanho menor, o que lhes permite camuflar-se entre as fêmeas). Quando um lagarto polígamo (muito agressivo) enfrenta um monógamo (menos agressivo), o primeiro vence. Pela lógica, poderíamos pensar que os segundos tendem a desaparecer. Só que, enquanto os primeiros estão ocupados nas pelejas com os segundos, os pequenos infiltrados copulam com as fêmeas, fazendo crescer a proporção deles na população geral desses lagartos. Por outro lado, não conseguem penetrar nos pequenos mas bem vigiados domínios dos lagartos monógamos e pouco agressivos. O resultado, como explica o zoólogo David P. Barash, da Universidade de Washington (Seattle), é que os normais perdem para os muito agressivos; estes perdem para os infiltrados; e estes, por sua vez, perdem para os normais. Algo semelhante ao que ocorre no jogo infantil de "pedra, papel ou tesoura". De modo que, com constantes altos e baixos, mantém-se o ciclo da permanência de três tipos de lagartos. A sobrevivência de cada espécime de macho depende (como sempre) da maneira que os demais reagem, mas a estratégia vem definida pela própria evolução, que libera o indivíduo do tedioso cálculo de determinar a melhor estratégia para si mesmo.

O caso dos humanos, porém, é outro. Um especialista em teoria dos jogos concebeu o seguinte experimento: dava-se um cheque de dez euros a cada uma de nove pessoas, que podiam escolher entre descontar o seu, ficando com o dinheiro, ou cooperar com o grupo. A alternativa cooperadora consistia em renunciar ao dinheiro na esperança de que, se pelo menos cinco participantes fizessem o mesmo, todos receberiam vinte euros: os dez de que haviam aberto mão, mais outros dez de prêmio. Na tese proposta, os não-solidários (que optariam por não contribuir) ganhariam trinta euros: os dez que guardaram e os vinte resultantes do esforço cooperativo dos outros participantes. A lógica implícita na racionalidade do dilema do prisioneiro deveria levar todos a "confessarem", isto é, a ficarem com o dinheiro inicial. Quando um grupo de psicólogos experimentais colocou esse jogo em prática, mais de 60% dos participantes optaram pela via da cooperação, com um matiz surpreendente: essa porcentagem podia chegar a 100% quando se oferecia ao grupo a oportunidade de discutir e comunicar de forma totalmente transparente os argumentos pró e contra – em resumo, quando se conseguia fazer aflorar a confiança de cada indivíduo na credibilidade dos restantes. De fato, são essas as bases psicológicas do impacto significativo que tem uma democracia transparente, ou seja, preocupada em gerar a confiança individual nos políticos – como veremos no capítulo 7, ao falarmos da influência negativa que o uso perverso do poder exerce sobre os índices de felicidade.

Portanto, o dilema do prisioneiro é interessante não só para as ciências biológicas (a etologia e a biologia evolutiva), mas também para as ciências sociais (a economia, a politologia, a sociologia e a psicologia). Os equivalentes modernos de tal situação são a redução da biodiversidade, o esgotamento das reservas de combustíveis fósseis, a poluição da atmosfera e da água, a corrida armamentista, o desmatamento, a pesca indiscriminada, os carros particulares causando o colapso das vias públicas, a sujeira jogada às ruas, a caça ilegal, o *spam* (esse lixo eletrônico), o crescimento populacional descontrolado. Convém recordar três exemplos, dois deles clássicos, o outro quase ignorado, mas de importância semelhante.

Caso 1: Ciclismo

Imaginemos dois ciclistas à frente do Tour de France, em plena corrida, com o pelotão a grande distância. Os dois costumam entrar juntos (cooperação mútua), dividindo a carga da primeira posição, donde não poderem proteger-se do vento. Mas, se nenhum dos dois se mantém à frente (os dois se esquivam), o pelotão avançará sobre eles. Por isso, uma situação comum é a do ciclista que assume a dianteira sozinho (cooperativamente), ajudando a manter à frente do pelotão aquele que vem na sua esteira. O resultado, contudo, costuma ser a vitória do segundo ciclista (aquele que se esquiva), já que está resguardado do vento pelo esforço do primeiro.

Caso 2: A tragédia dos commons

É uma metáfora que ilustra o conflito entre o interesse individual e o bem comum. Foi cunhada por Garret Hardin, em seu artigo "The tragedy of the commons", publicado em 1968 na revista *Science*. Hardin utiliza o exemplo dos pastos comunitários, de uso compartilhado por todos os camponeses de um povoado. Se todos eles colocam mais e mais animais nesses pastos (porque não lhes custa nada), ao fim de alguns anos a terra se tornará árida, os pastos já não poderão ser utilizados, e o povoado desaparecerá. A causa da tragédia dos *commons* é que, quando os indivíduos fazem uso de um bem público, eles não assumem individualmente o custo real de suas ações. Se uma pessoa tenta maximizar o interesse pessoal, ela desvia para o resto da comunidade uma parte do custo real de suas ações.

A melhor estratégia não-cooperativa para o indivíduo consiste em tentar maximizar a exploração de um bem ou serviço comum. Quando a maioria dos indivíduos seguem essa política, o bem ou serviço público é superexplorado. O efeito negativo de um só indivíduo sobre o bem comum pode ser pequeno, mas a soma de todos os agentes contribui para degradar de forma inexorável o ambiente. Tal metáfora foi objeto de intensas controvérsias, pois não está tão claro que os indivíduos tendam a seguir em determinadas situações essa tática de superexploração. Conforme se viu em outras ocasiões, há experimentos com conclusões contraditórias. Em determinadas circunstâncias, os seres humanos podem atuar de modo mais cooperativo do que seria de esperar em vista de seus interesses puramente pessoais.

Caso 3: Os jogadores novatos

Nesse sentido, outra idéia interessante procede do campo da psicologia. As estatísticas mostram que os jogadores novatos costumam ter experiências de jogo atípicas, exageradamente positivas ou exageradamente negativas. Quanto mais inexperiente é o jogador, mais ele muda seu jogo em função dos demais. Tal princípio explica, em parte, por que são tão importantes as experiências vividas pelos jovens nos anos formativos, já que eles são particularmente vulneráveis a abusos nessa fase e podem facilmente vir a tornar-se abusivos se tiverem sofrido experiências negativas. Por conseguinte, alega-se que poderíamos reduzir as probabilidades de fraude e contravenção numa população caso incrementássemos a experiência de cooperação entre os jogadores, gerando confiança na crença de que a colaboração é mais segura. Isso, se verdadeiro, teria muitos desdobramentos na discussão do modelo educacional – por exemplo, questionar se ele deve ser puramente competitivo quando o objetivo é fomentar uma sociedade cooperativa.

Da sociedade competitiva à sociedade cooperativa

Quando digo competir, refiro-me a uma situação na qual dois indivíduos lutam pelo mesmo bem. Um o consegue, e o outro não. Há um ganhador absoluto e um perdedor absoluto. Por outro lado, quando se fala de colaborar ou cooperar, trata-se de aplicar certa justiça, de atender a todas as necessidades existentes. O modelo cooperativo não é rígido; é, isto sim, um modelo que se adapta às necessidades. Já o modelo competitivo é aquele em que sempre se premia o ganhador; é, portanto, um modelo excludente. E premia o ganhador sem importar o preço que ele ou o meio pagam por isso (em princípio, não existem limites para os estragos que o ganhador pode ocasionar). O que importa é ganhar. Se existem limites, estes são impostos pela sociedade e considerados obstáculos incômodos pelo ganhador. Ele tem então dois estímulos: atender ao interesse pessoal e servir ao próprio afã de ganhar, que se torna parte do jogo e passa a ser um fim em si mesmo.

O modelo competitivo não requer empatia com as necessidades ou emoções dos demais. Existe não uma escala de valores, mas uma escala de resultados. Outro problema do sistema competitivo é que, para ganharmos rápida e repetidamente, não pensamos no longo prazo. Formamos jogadores de curto prazo. Perseguem-se pequenos objetivos para amanhã ou depois de amanhã, acabando por gerar frustração ao fim de um tempo mais longo. O sistema educacional corrente reflete os valores e os critérios organizacionais de nossa sociedade, mas será que criar um modelo assim é útil para ela?

O modelo educacional imperante consiste em encerrar num espaço reduzido um grupo de crianças da mesma idade, para que desenvolvam exatamente as mesmas aptidões: trinta garotos ouvindo um professor pontificar mais sobre o que ele sabe do que sobre o que pode interessar aos alunos e estes precisam aprender para virar-se na vida. Trata-se de moldá-los a um modelo concreto, e não de propiciar a convivência entre indivíduos de idades e aptidões variadas, com eles desenvolvendo caminhos pessoais e colaborando entre si para ajudar-se mútua e coletivamente. Os avanços realizados na digitalização dos bancos de dados e de conhecimentos permitem que, com o tempo, se personalize a oferta educacional – em vez de continuarmos a digitalizar o obsoleto, como ocorre na maioria dos centros educacionais.

Aquele modelo fechado cria, inevitavelmente, condições competitivas extremas. As crianças se comparam constantemente umas às outras. Não aprendem a apoiar-se, nem a colaborar, nem a dividir tarefas. Todos servem para a mesma coisa, levando a cabo tarefas idênticas; não acrescentam nada específico ao grupo, nem desenvolvem suas qualidades pessoais, nem valorizam as diferenças, nem se responsabilizam pelo ambiente, pelos companheiros ou pelo aprendizado próprio; e competem pela atenção de um mesmo professor. Quando se pretende formar adultos que saibam colaborar, esse é o pior sistema possível.

As crianças extraem das comparações os seus conceitos de normalidade e de êxito. Mas, já para começo de conversa, sabemos que, no mundo adulto, um dos grandes obstáculos para ser feliz é a mania de comparar-se aos demais, a qual gera frustração e insegurança. Ou seja, o sistema educacional ensina as crianças não só a competir, mas também a competir com os mais próximos e a comparar-se em todos os sentidos. Quem é melhor em matemática? Quem se veste de determinada maneira? Quem é mais bonito ou mais popular? Quem se sai melhor com a "prô"? As crianças crescem num ambiente fechado, excessivamente comparativo e competitivo.

Muitos docentes e pais percebem problemas graves no modelo educacional e desconfiam dele, buscando alternativas para desativar a parte mais brutal desse sistema. Acreditam que convém (por exemplo) eliminar as avaliações, para evitar comparações danosas. Todavia, quando se diminui a importância das conquistas escolares mas se mantém o ambiente competitivo e comparativo, a parte negativa do sistema não é desativada, porque as crianças continuam competindo, só que exclusivamente centradas em comparações pessoais que, em casos extremos, podem levar a condutas de *bullying* escolar. Desse modo, mantém-se o foco destrutivo da competitividade, deslocando a influência dela justamente para onde mais danos pode causar: o âmbito pessoal. Cria-se um ambiente asfixiante e artificial, necessariamente competitivo no pior sentido da palavra, e depois se deixa que as próprias crianças definam os limites. Ainda por cima, deixa-se o sistema às escuras, pois ele já não tem como avaliar sua própria eficácia nem sugerir à criança parâmetros de superação e de competência escolar. Em suma, evitar as avaliações escolares não impedirá que a criança viva num ambiente competitivo. Para isso, seria necessário mudar as bases do próprio sistema. É necessário conceber um sistema educacional capaz de fomentar os valores da cooperação, coisa que só se consegue quando os jogadores (no caso, as crianças) confiam nos outros e acreditam que, a longo prazo, lhes será mais benéfico colaborar do que competir.

Se Lynn Margulis estiver certa ao definir o conceito de endossimbiose, a missão fundamental do sistema educativo deverá ser assentar as bases psicológicas da colaboração, já que nenhuma sociedade pode dar curso à lógica cooperativa quando seu sistema educacional não ensina a pensar segundo ele. Na contradição entre o instintivo e o lógico, por um lado, e os modelos impostos de fora nos anos formativos, por outro, provavelmente se plasma grande parte das tensões emocionais que depois serão encontradas na viagem à felicidade.

Portanto, o que ocorre fora de nós não é irrelevante. A inércia das decisões implícitas no dilema do prisioneiro ou os esquemas contrários à colaboração impostos pelos sistemas educacionais afetarão o emaranhado emocional. Mas, para que o leitor não esqueça a importância dos mecanismos internos que configuram a felicidade (nem mesmo logo após termos comprovado aqui a importância de alguns fatores externos), recordaremos outros resultados específicos de experimentos realizados pelo grupo de psicólogos que mais tempo e inteligência dedicaram ao estudo da felicidade (com a possível exceção de Martin Seligman). Falo de Daniel Gilbert, da Universidade Harvard; de Daniel Kahneman, da Universidade de Princeton, que também é Nobel de Economia; de Timothy Wilson, da Universidade da Virginia; e de George Loewenstein, da Universidade Carnegie-Mellon, outro que é igualmente economista. As pesquisas deles destacaram a existência de dois tipos de déficit ou brecha nos chamados prognósticos afetivos: de um lado, ao prognosticarmos a intensidade da felicidade que determinado bem ou acontecimento futuro proporcionará, sempre a superestimamos; de outro, costumamos exagerar o grau de infelicidade que uma desgraça antevista deverá provocar. Essa segunda situação explicaria por que também somos um desastre na hora de nos desvencilharmos de uma carga emocional que nos importuna. Não sabemos como nos transportar mentalmente para um estado psíquico menos violentado, mais indiferente, que nos possibilite tomar outras decisões.

Assim, em dois períodos diferentes de sua vida psíquica, o indivíduo pode ser mais diferente de si mesmo do que o seria de outra pessoa (esse déficit de empatia consigo em momentos diversos se mostra particularmente visível nas situações de sexo de risco). Naquele primeiro tipo de déficit, manifesta-se o poder dos mecanismos automáticos internos para adaptarem-se às circunstâncias, ou seja, os mecanismos regulares do cérebro prevalecem sobre o suposto estímulo externo da felicidade: com o passar do tempo, o sistema emocional se adapta ou restringe o impacto do carro desejado e enfim comprado, da viagem almejada e enfim realizada, do casamento ansiado e enfim concretizado. Donde sempre cometermos erros nos prognósticos afetivos. No segundo tipo de déficit, trata-se simplesmente de uma versão mais moderna e mais cotidiana do predomínio da amígdala sobre o neocórtex. Qualquer estímulo externo da felicidade deverá atravessar as restrições do sistema límbico, às vezes em forma de brechas de impacto e empatia, outras vezes no chamado ponto de inflexão genético, de que falaremos agora.

Todos nascemos com uma estatura determinada e um ponto-limite de inflexão no peso de corpo e no nível de felicidade. Em geral, aceita-se mais facilmente os ditames genéticos da estatura que os do peso ou da felicidade. Sabe-se que a estatura depende de muitos fatores aleatórios, mas todo o mundo acredita piamente que consegue controlar o peso e a felicidade. A realidade é que a genética prevalece sobre as dietas numa porcentagem massacrante dos casos e sobre a felicidade em cerca de 50% deles. No que se refere à felicidade, o assombroso não é tanto a predeterminação genética quanto o fato de que ela leva a melhor em apenas metade dos casos, ou seja, de que é muito menos determinante do que quando se trata da estatura e do peso. Essa ampla margem de manobra do indivíduo – em plena era do controle biológico – explica a enorme gama de opiniões científicas e não-científicas sobre o tema da felicidade.

Os grandes mitos

Chegou a hora de abordar os condicionantes externos da felicidade, infinitamente mais populares e compreensíveis que os imperativos de cooperação que se depreendem da história da evolução e aos quais já fizemos referência. Esses condicionantes, porém, não são necessariamente mais relevantes. Aliás, como o leitor entenderá perfeitamente, muitos desses fatores (que aqui agrupamos sob a epígrafe "grandes mitos") poderiam, indo contra a opinião majoritária, ser qualificados como neutros. Ou seja: aqui, a novidade é a neutralidade (e não a importância) deles na busca da felicidade. Tais mitos são o trabalho, a saúde, a família, a educação e a etnia.

Primeiro mito: o trabalho

O trabalho está mais mal distribuído que a riqueza. Cerca de 10% da população européia em idade ativa não tem nenhum posto de trabalho, ainda que a Europa seja uma das regiões com maiores índices de ocupação do mundo. Dentre os que têm emprego, as diferenças de intensidade e de jornada laborais são imensas. Mais importante ainda: são muitas as pessoas que não gostam de seu trabalho. Por conseguinte, é difícil que o que se dirá agora sobre as relações entre o trabalho e a felicidade seja válido para a média da população. Uma vez feita essa importante ressalva, cabe sugerir as seguintes conclusões:

Primeira conclusão. Das grandes enquetes realizadas em todo o mundo, não se pode inferir que o trabalho tenha nos níveis de felicidade um impacto superior que a média de outros fatores externos. Mais: nenhuma das provas desses fatores externos da felicidade dá resultados tão ambíguos como os referentes ao trabalho. Este pode ver combinados o êxito do aprendizado, o aperfeiçoamento das habilidades próprias e o exercício do controle, ocasionando momentos muito felizes; ou, ao contrário, pode ser a razão do máximo mal-estar, sem deixar saudade nenhuma. Entretanto, não é possível conceber situação pior que a de não ter perspectiva de trabalho – nesse caso, talvez, porque nem sequer existe a possibilidade de aplicar as próprias aptidões a alguma coisa.

Segunda conclusão. A progressiva automatização dos processos de produção, a separação cada vez maior entre as zonas residenciais e as laborais, a transferência das tarefas produtivas para rincões nacionais ou estrangeiros, a crescente burocratização dessas tarefas ou, pura e simplesmente, a lembrança da maldição bíblica ou o peso da história do pensamento acerca do trabalho assalariado têm diminuído o atrativo necessário para converter o emprego no centro onde exercer o impulso competitivo de sobrevivência que sempre caracterizou os hominídeos.

O leitor tem todo o direito de querer esclarecer uma contradição que salta aos olhos. E então? A história da evolução evidencia a trama cooperativa entre seus agentes ou o impulso declarado de competitividade que nutre a seleção natural? A resposta é menos complexa do que aparenta. Ambos os princípios estão presentes na história da evolução, o primeiro referindo-se fundamentalmente aos organismos, o segundo às espécies. Por motivos estritamente egoístas, quando a própria sobrevivência assim exige, o impulso inato de competitividade não é incompatível com atuações de cooperação. Os dois princípios constituem aspectos distintos da seleção natural darwiniana. Em nenhum caso se pode subestimar a necessidade evolutiva de dispor de um cenário onde exercer adequadamente o impulso ancestral de competitividade, seja na perseguição a uma presa que muitos cobiçam, seja na busca da beleza que muitos concebem, seja no fabrico de um produto que várias nações destinam a um mesmo mercado, seja na adaptação de idéias díspares (inclusive as religiosas) ao meio, seja nas diferentes tribos ou famílias que competem pelo mesmo território.

Aliás, uma das principais fontes do aumento da ansiedade e da depressão que os especialistas constatam junto do aumento do bem-estar econômico pode residir na contínua perda de esplendor dos palcos tradicionais onde se interpretava o impulso competitivo: a nação, a religião, a família e o trabalho. Não só muitos trabalhos perderam a criatividade de outrora e se desenvolvem em espaços nada sedutores, repletos de gente baixo-astral que contamina o ambiente com suas psicopatias ou sua incapacidade para trabalhar em equipe, como também predomina a crescente sensação de impotência quando se trata de influenciar o produto, a empresa, a sociedade ou o que ocorre no resto do mundo. Têm-se desprezado de modo aterrador as conseqüências de não conseguirmos exercer o instinto primário de competição, o qual remonta aos tempos primevos da espécie. Entre essas conseqüências, está o desvio quase total do espírito competitivo para outros palcos, como os esportes coletivos.

Terceira conclusão. Como já adiantávamos no capítulo anterior ao comentar o experimento sobre a "impotência aprendida", é simplesmente catastrófico o efeito que tem sobre o sistema imunológico e emocional uma situação na qual não se controlam em absoluto os acontecimentos. Se no posto de trabalho impera a convicção de que, não importando o que se faça, ele não tem nenhuma relevância para o futuro individual ou coletivo, os níveis de felicidade se verão afetados.

Por fim, a única descoberta positiva recente sobre a relação entre o trabalho e o nível de felicidade foi a constatação dos inegáveis benefícios que advêm de aplicar ao trabalho as virtudes ou habilidades pessoais. Mesmo tendo-se reconhecido que o trabalho não é o mais adequado, o nível de bem-estar e satisfação do sujeito aumentam quando ele consegue aplicar a um serviço pouco satisfatório algumas de suas qualidades inatas ou adquiridas. Que sirva de exemplo um conhecido meu que faz atendimento ao público numa instituição bancária e dá um jeito de pôr em prática, pelo menos parcialmente, seus grandes dotes de comunicador. De certo modo, isso me lembra a anedota do lagarto mexicano que Seligman me contou em certa ocasião, para convencer-me de que não existem atalhos para a gratificação. O réptil foi dado de presente a Julian James, médico amigo seu, colega da universidade. O lagarto esteve a ponto de morrer de inanição, apesar dos esforços do novo dono para alimentá-lo com frutas tropicais, que o animal desprezava olimpicamente de sua atalaia... Até que um dia, por acaso, caiu a seu lado um sanduíche cuidadosamente embrulhado em papel-alumínio, o que o obrigou a usar seus dotes de rastreador. Para alcançar o sanduíche escondido naquele envoltório, o lagarto não teve outro remédio senão aplicar sua competência inata. "Esses lagartos", acrescentou Seligman, "não comem nem copulam a menos que tenham usado os pontos fortes do repertório que a evolução lhes deu. Nós também somos assim: não creio que possamos alcançar a gratificação através de atalhos."

Segundo mito: a saúde

O próximo fator externo da felicidade que também causa engano é a saúde individual. O clamor geral lhe atribui, equivocadamente, uma influência decisiva que só se explica partindo da ambigüidade implícita nas duas mais bem-sucedidas definições de saúde que conheço: a da OMS, que a definiu como "um estado de completo bem-estar físico, mental e social, e não apenas a ausência de afecções e doenças"; e aquela, ainda mais otimista e poética (se é que isso é possível), proposta num congresso de médicos e biólogos em língua catalã, que entenderam a saúde como "uma forma de vida autônoma, solidária e prazerosa".

Mas a verdade é que todos os experimentos e pesquisas demonstram que só as doenças particularmente graves têm impacto negativo nos níveis de felicidade. As condições objetivas de saúde física, à diferença da saúde mental e dos sentimentos, não influem excessivamente sobre a felicidade. Muita gente dá como líquida e certa sua boa saúde e nem por isso se sente mais feliz; já a grande maioria dos enfermos costuma suportar com dignidade suas doenças (aliás, com o tempo, uma elevada porcentagem de tetraplégicos logra recuperar um estado psíquico compatível com suas difíceis circunstâncias); e os hipocondríacos, mesmo gozando de boa saúde, aferram-se à desventura de sua infelicidade.

Lembro-me da reprodução tridimensional (vista numa visita ao magnífico Imperial War Museum, em Londres) da cena (real) de um soldado que, durante a Primeira Guerra Mundial, sai repentinamente da trincheira para atacar sozinho o inimigo. A cena noturna, com o estalido ininterrupto das bombas ao fundo, recria com realismo assustador até o odor característico das trincheiras. De imediato, assaltou-me a pergunta: que impulsos podiam levar um soldado a arriscar sua vida daquela maneira? Preservar a saúde não devia figurar, é claro, na lista de motivos.

No extremo oposto, está a situação em que, fazendo cócegas, estimula-se o processo automático da risada. Sabemos que é comum identificar as axilas ou a palma das mãos como as partes mais sensíveis do corpo. Entretanto, a ninguém ocorre escolher o lugar mais sensível de todos, o pescoço, e isso por uma razão muito simples: tocar de surpresa o pescoço de uma pessoa, longe de causar-lhe risos, ativa uma brusca reação de autodefesa. Nem em pleno transe da risada se abandona a idéia de sobreviver. Quando uma manada de antílopes foge à perseguição de uma leoa, o principal adversário do mais atrasado não é a leoa, e sim o antílope que corre mais depressa. Ora, os antílopes estão preocupados não com a saúde, mas com a própria vida. Quando nossos antepassados ficavam paralisados e arrepiados ante o ataque de uma hiena (essa era a melhor postura para terem alguma possibilidade de não entrar no campo visual da fera), não pensavam na saúde, e sim na sobrevivência.

Eu gostaria de relatar uma lembrança pessoal que ilustra isso. Em 23 de fevereiro de 1980, a tentativa (felizmente frustrada) de seqüestro e golpe de Estado em Madri me surpreendeu dentro da Câmara dos Deputados. De todos os presentes no recinto, somente três pessoas não se atiraram ao chão, contrariando as instruções dadas aos gritos pelos sublevados, que, de arma em punho, atiravam para o ar.

"O que você pensou naquele momento, Eduardo?", perguntou-me tempos depois meu companheiro de bancada, o então ministro Pío Cabanillas, homem para o qual a inteligência e o senso de humor eram inseparáveis.

"'Como é que, tendo ficado vinte anos fora da Espanha, eu fui resolver voltar logo agora?!'", foi minha resposta.

Mas, anos depois, a sós, refletindo sobre aquela tarde e aquela noite (provavelmente tentando elucidar algo que nunca deixou de interessar-me: por que só o primeiro-ministro Adolfo Suárez, o general Gutierrez Mellado, ministro da Defesa, e o líder comunista Santiago Carrillo permaneceram sentados?), consegui lembrar do que pensara na ocasião. Deitado no chão, usando as mãos para proteger as têmporas das balas perdidas, minha mente estava concentrada em resolver um jogo puramente geométrico: por qual das frestas, entre o polegar e o indicador, o indicador e o médio, o médio e o anular, o anular e o mínimo, a bala penetraria? Mais de uma década depois, meus amigos neurologistas me deram a chave da atitude de Suárez, Gutiérrez Mellado e Carrillo: os três recorreram à qualidade mais destacada de suas qualidades inatas. Com toda a probabilidade, a valentia deles se fortalecera ao longo dos anos de adestramento em situações-limite, anos que os haviam preparado, cada um em seu campo, para que as solicitações da razão prevalecessem, excepcionalmente, sobre o inconsciente.

O interessante desses exemplos é que em nenhum deles aparecem reflexos da saúde. A constante são os mecanismos emocionais destinados a proteger a vida, a garantir a sobrevivência. Em nosso sistema emocional, não temos os recursos para proteger a saúde. Numa espécie em que, até muito pouco tempo atrás, a expectativa de vida não ia além dos trinta anos, é claro que nem a saúde nem a busca da felicidade se mostravam objetivos suficientemente necessários para destinar-lhes os escassos recursos que eram quase totalmente tomados pela salvaguarda da vida e pela perpetuação da espécie. O cuidado da saúde é tarefa que começa justamente agora, com a súbita triplicação da expectativa de vida, e que ainda não deixou rastro em nosso sistema emocional. Assim, por enquanto, que ninguém busque pistas ou provas das relações entre saúde e felicidade.

Tudo o que dissemos até aqui, porém, não impede que as doenças sejam o melhor indicador das desigualdades sociais. Os estudos realizados por Michael Marmot ao longo de trinta anos demonstram justamente o que Robert Sapolsky revelou a respeito dos primatas: a saúde (não só dos pobres) depende do lugar ocupado na hierarquia social.

Terceiro mito: a família

Trata-se de outro exemplo de como os desejos ou crenças podem estar em contradição com a realidade. Embora se costume dizer que as crianças são das maiores fontes de alegria na vida, as pesquisas recentes revelam que cuidar dos filhos não é divertido nem contribui significativamente para a escala de felicidade, muito ao contrário:

> Quando se contabiliza todo o tempo que os pais passam com os filhos [disse Norbert Schwarz, catedrático de psicologia da Universidade de Michigan], o quadro não é muito positivo. Na escala de preferências de Kahneman, educar os filhos fica atrás de ter vida social, comer, assistir à TV ou fazer a sesta, entre outras. Cuidar da prole é tarefa de caráter compulsório, e o ânimo que as pessoas demonstram quando a realizam não é particularmente positivo se comparado ao que exibem em outras atividades.

Por outro lado, costumamos desfrutar muito mais do que à primeira vista estamos dispostos a reconhecer o tempo que passamos com outros familiares. Talvez os filhos, assim como o sexo, representem ideais que inspiram e mobilizam o ser humano, mas que freqüentemente não atendem às expectativas geradas ou as cumprem apenas de modo eventual ou parcial.

Mas continuemos com outros temas polêmicos que são parte do terceiro mito familiar: o divórcio. Um estudo recente, levado a cabo pela Universidade de Chicago, contradiz a crença popular de que o divórcio sempre acaba fazendo mais felizes os cônjuges em crise. A realidade é mais complicada: cinco anos depois dessa separação, apenas metade dos divorciados se diz feliz; para o mesmo período, no grupo que agüentou estoicamente a crise matrimonial, dois terços são felizes. Curiosamente, é das maiores crises que se podem esperar as mudanças mais positivas. Assim, cinco anos depois, 80% da facção mais descontente do grupo em crise superou suas diferenças, alcançando a porcentagem mais elevada da amostra pesquisada. O estudo também conclui que o divórcio não reduz os sintomas de depressão, nem melhora a auto-estima relativamente ao grupo dos que continuam casados.

Quarto mito: o dinheiro

Embora essa variável seja objeto de análise mais detalhada no capítulo 7 (quando estudaremos as formas programadas ou atalhos da felicidade), adiantaremos aqui a conclusão principal. Todas as pesquisas realizadas até esta data apontam para o mesmo resultado: abaixo dos níveis médios de subsistência (ou seja, quando a renda não alcança o mínimo imprescindível à sobrevivência), o dinheiro traz felicidade. Aparentemente, essa forma de alcançar a felicidade é muito atrativa, pois supõe que a felicidade é um bem que se pode comprar. No entanto, existem duas limitações que põem em dúvida a capacidade do consumismo de gerar felicidade. Por um lado, à medida que se eleva o nível de renda, eleva-se também o nível considerado necessário para voltar a sentir prazer. E, por outro lado, a tendência a nos compararmos socialmente com os outros gera doses de frustração que a escalada do dinheiro não consegue aplacar.

Donde, a partir dos níveis de renda situados na média social, tornar-se impossível estabelecer uma correlação positiva entre o aumento da renda e o da felicidade. Mais: como destaca (entre outros) o psicólogo Daniel Gilbert, a ampliação do leque de opções oferecido por um poder aquisitivo mais alto gera maior ansiedade na hora de escolher e gera angústia depois, pelo medo de ter-se equivocado. Em resumo, o aumento do poder aquisitivo geralmente não significa que se esteja mais feliz; na realidade, ele às vezes até afeta negativamente o nível de felicidade.

Quinto mito: a educação

A educação pode determinar a estabilidade emocional e a capacidade inovadora do grupo ao qual se transmite o conhecimento. Neste capítulo mesmo, já se analisaram os defeitos de um sistema educacional centrado exclusivamente no impulso inato de competir, em detrimento da prática de colaborar que herdamos da história da evolução.

Entretanto, quando se trata de correlacionar os níveis individuais de educação com os níveis de felicidade, mais uma vez os dados não dão razão a ninguém. Os pesquisadores da escala de bem-estar asseguram não só que a capacidade de fruição dos pesquisados não está demasiado condicionada ao nível de educação, mas também que outros fatores (como o temperamento ou a qualidade do sono) são muito mais determinantes. Não se está descobrindo nada novo. Quem não conheceu algum erudito baixo-astral? Quando encontro um deles, sempre me lembro de vovô Monget, que aos setenta anos ainda cultivava a videira e a horta e, de uma cadeira de vime em frente à porta de sua casa, em seu povoado natal (Vilella Baixa, na Catalunha), ficava olhando o rio correr. Quem é mais feliz e sábio? O vovô Monget, claro.

Mas existe outro motivo que explica a surpreendente ausência de correlação entre a formação teórica ou acadêmica e a felicidade, motivo que eu apontava num livro anterior, *Adaptarse a la marea* (Madrid, Espasa Calpe, 2004): "Infelizmente, para aprender e para tomar decisões, contamos apenas com o conhecimento genético, o revelado, o aprendido e o científico. Não existem outros".

O primeiro conhecimento, o genético, salvou muitas vidas de antepassados nossos. É graças ao medo instintivo que temos das serpentes e das aranhas, venenosas ou não, que o autor deste livro e seu leitor podem hoje refletir conjuntamente: sem esse conhecimento genético, nossos antepassados não teriam sobrevivido, e nós não teríamos nascido. Mas todos haverão de convir comigo que, nas vias mais agitadas de Nova York, Madri ou Barcelona, esse conhecimento se mostra bastante irrelevante.

Descartemos o conhecimento revelado, pois está voltado apenas para os que o aceitam como tal; esses indivíduos não representam a imensa maioria, e nem todos os que dele comungam têm o mesmo grau de formação.

Já o conhecimento aprendido (aquele que nos ensinaram na escola) é, na maior parte, infundado. A título de recordação, bastam alguns exemplos: "Estamos programados para morrer, mas os geneticistas ainda não descobriram o gene concebido para produzir a morte do organismo", reza o conhecimento aprendido. Ora, o envelhecimento e a morte se desencadeiam quando, no embate entre as agressões à nossa estrutura celular e os esforços reparadores e regeneradores, as primeiras prevalecem; nenhum gene determina que essa contenda deva ter fim tão acelerado. Outro exemplo: "Eduardo, 90% da realidade é invisível", dizem-me todos os meus amigos físicos, mas quase todos os empresários se comportam como se só 10%

da realidade lhes escapasse e eles conhecessem muito bem os outros 90% de seus projetos; é mesmo extraordinário que o que é verdade para o universo não seja verdade em nossa vida particular! Um último exemplo: quando criança, ensinaram-me que a mulher procedia de uma costela de Adão, embora meus amigos biólogos moleculares (como Margarita Augier, de Washington) me digam o contrário, ou seja, que os homens nascem do feto feminino. A lista é interminável, mas fica fácil chegar à conclusão de que a maior parte do conhecimento aprendido é infundada.

E o que dizer do conhecimento científico? A irrupção dele na cultura popular terá sido o acontecimento mais revolucionário dos últimos séculos. Trata-se de um conhecimento extremamente humilde, porque se submete à experimentação e à demonstração e nele não cabem grandes pronunciamentos baseados na fé ou na autoridade divina. É um conhecimento fundamentado, primordialmente, em perguntar à natureza antes de às pessoas. Por que se produz o aquecimento global? Por que um tumor cancerígeno se comporta como uma célula terrorista que não escuta o resto da comunidade da qual é parte e que teima em fazer desmoronar o andaime que protege a si própria? Que tipo de comunicação se estabelece entre o cérebro que herdamos dos répteis e as camadas que depois se desenvolveram no neocórtex? Por fim, o conhecimento científico sempre aspira a avaliar e quantificar o que está ocorrendo. Existem provas suficientes de que esse tipo de conhecimento se adapta melhor às aspirações da espécie humana do que os anteriores, mas ele ainda é extremamente jovem e precisa de tempo para consolidar-se. Não é de estranhar que o nível de educação e o de felicidade mal estejam relacionados. Até hoje, a educação versou fundamentalmente sobre os outros tipos de conhecimento. É provável que, daqui a mil anos (as mudanças culturais, como sabem os paleontólogos, são de uma morosidade extrema), surjam enfim paralelismos entre as rotas da felicidade e as do conhecimento.

Último mito: a etnia

Carlos Moro, meu genro, conhece tão profundamente a Índia quanto a conhecem seu irmão Javier, seu tio Dominique Lapierre e a filha deste, todos escritores envolvidos de alguma maneira com a fundação para leprosos patrocinada por Lapierre. Em mais de uma ocasião, eu os escutei dizer que os indianos, apesar da pobreza extrema, são mais felizes que a maioria dos europeus. E eu já ouvira a mesma opinião antes. Será que a etnia determina as relações deste ou daquele grupo com a felicidade? E o que se entende por etnia? Nada menos que 85% do estoque global de variantes genéticas pode ser encontrado em qualquer população, seja etíope, seja francesa. Isso levou a uma das revelações antropológicas mais importantes do século: a grande maioria das variantes não segue nem regras, nem muito menos o que no passado se entendia por raças. Cerca de 8% das variantes genéticas explicariam as diferentes aparências nacionais entre um russo e um espanhol, por exemplo. Só restariam uns 7% de variantes que deveriam explicar por que, entre outras coisas, os nascidos num continente têm os olhos puxados e os nascidos em outro não têm. Não adianta atribuir unicamente à disparidade de climas a diferença étnica continental. Pode até ser verdade que a origem dos olhos puxados tenha sido um clima ventoso e frio que obrigava os moradores locais a protegerem as retinas mantendo os olhos entrecerrados. A causa pode ser mesmo essa, mas o mecanismo da seleção natural teria necessariamente passado por mutações genéticas aleatórias. Os genes de indivíduos com essa mutação desfrutariam uma vantagem adaptativa relativamente aos demais, o que acabaria fazendo aquele tipo de mutante tornar-se majoritário no estoque genético. Tais variantes são conhecidas pelo nome "marcadores informativos de ancestralidade". Embora os cientistas tenham começado a estudá-las com o propósito de descobrir as bases genéticas de determinadas doenças (como o diabetes tipo 2, que se propaga em alguns continentes mais que em outros), a verdade é que o legítimo temor a alimentar vestígios de racismo afastaram desse caminho de investigação muitos recursos e inteligências.

O resultado é que, se a ciência ainda está muito longe de conseguir identificar marcadores informativos de ancestralidade na origem de determinadas doenças diferenciadas por continentes, torna-se ainda mais remota a possibilidade de identificar as causas genéticas de comportamentos distintos durante a viagem que etnias díspares fazem à felicidade. A ciência, pura e simplesmente, não tem sequer um argumento ou dado a respeito disso. Até prova em contrário, o escritor Dominique Lapierre e seus colaboradores, tal qual muitos leitores ao voltarem de uma viagem à Índia, poderão continuar afirmando, sem que ninguém tenha como contestar cientificamente seus argumentos, que a vida naquele subcontinente (ou, mais provavelmente, a influência do budismo e da ioga na busca da paz interior) mostra, sim, uma relação entre felicidade e etnia que é superior à média mundial, para além das catástrofes naturais ou da pobreza.

Qual é o momento mais feliz da vida de uma espécie de mariposa fosforescente típica da Tailândia? Toda noite, às margens dos rios que levam ao mar, milhares de machos se concentram nos galhos das árvores e começam a emitir rajadas de luz. No início, eles o fazem de forma totalmente desordenada. Emitem seus clarões de maneira aleatória. Começam com pequenos grupos de três ou quatro indivíduos até que, ao cabo de aproximadamente uma hora, milhares de mariposas se coordenam ao longo de mais de um quilômetro para sincronizar seus lampejos. Se pudéssemos estar na pele daqueles lepidópteros, descobriríamos, com toda a certeza, que esse instante preciso é o mais feliz de todo o dia. A mariposa em questão tanto emite quanto enxerga luz, e seu sistema nervoso se ajusta inconscientemente para acelerar ou retardar um controlador interno enquanto discerne os lampejos, até que se produz a harmonia de toda a coletividade.

Em fins da década de 1970, uma mulher chamada Genevieve Sweats observou que todo verão, ao voltar da universidade para passar as férias com a família, o ciclo menstrual das irmãs sincronizava-se com o seu. Quando se estudou o caso, os cientistas descobriram a existência de uma substância química, perfeitamente inodora, que era gerada nas axilas de Genevieve. Eles decidiram então realizar o seguinte experimento: com um algodão, recolheram amostras da substância química e depois a aplicaram suavemente nos lábios superiores de outras mulheres, situadas a milhares de quilômetros de distância, sem parentesco algum com aquela veranista curiosa. Em poucos meses, os ciclos menstruais de todas haviam se sincronizado sem que elas sequer tivessem se conhecido.

Um último exemplo, desta vez do mundo físico: se um recipiente com água é aquecido, desprende-se vapor, ou seja, um gás no qual as moléculas podem entrechocar-se, indo "cada uma na sua". Quando o recipiente é resfriado, o gás se transforma em líquido, e as moléculas continuam separadas entre si, mas "se dão as mãos". Se a temperatura continuar diminuindo, chegará um momento em que as moléculas decidirão não mudar de parceiro de vez em quando, e sim organizar-se em forma de maravilhosos cristais hexagonais, os flocos de neve. Da mais pura desordem, portanto, emerge a ordem. A decisão de dar-se as mãos ou formar enlaces não procede do exterior, não é imposta: as moléculas têm a capacidade de auto-organizar-se.

Em outras palavras, estou sugerindo que o leitor não deve desanimar ao contemplar o balanço um tanto ralo após termos investigado a incidência dos fatores externos, como o trabalho ou a saúde, nos níveis de felicidade. De modo algum a falta de soluções concretas se deve ao fato de o autor ter poupado esforços, leituras ou reflexões. Pode ocorrer não que a desordem esteja no universo, e sim que a ignorância ainda nos impeça de avaliar de que maneira se produz a ordem. Eu intuo uma possibilidade que ainda não foi sugerida por outros pensadores e que tem muitos indícios de viabilidade: será que a felicidade é uma emoção transitória regida pelos princípios dos sistemas complexos (também chamados caóticos por cientistas como Steven Strogatz, catedrático de mecânica teórica e aplicada da Universidade Cornell)? O exato instante em que todas as mariposas da Tailândia emitem seus lampejos ao mesmo tempo; o dia em que coincide o ciclo menstrual de mulheres que estão dispersas por todo o mundo mas são parte de uma mesma rede de feromônios; o momento em que seis moléculas de água decidem não seguir de mãos dadas e formam um cristal magnífico; o tempo efêmero em que sentimos o gozo da felicidade – acaso tudo isso não será fruto de mecanismos idênticos, característicos dos processos chamados caóticos ou complexos? Que falta de humildade acharmos que podemos culpar um único fator externo pela ausência de felicidade – sem ainda sabermos quando ou por que um grãozinho extra acrescentado ao monte de areia que minha neta ergueu na praia fará que ele desmorone estrepitosamente!

No verão de 1960, a primatologista Jane Goodall chegou às margens do lago Tanganica (África oriental) para estudar os chimpanzés, com o beneplácito e as instruções de seu mestre, o famoso paleontólogo Louis Leakey. "Chegou a hora", disse-lhe Leakey pouco após Jane ter descoberto (como também o fizera o primatologista catalão Jordi Sabater Pi, de forma paralela) que os chimpanzés também sabiam fabricar ferramentas, "de redefinir o que é uma ferramenta, de redefinir o que é um humano ou de aceitar que os chimpanzés são humanos." Estudando os chimpanzés, pretendia-se ir mais fundo na origem e na natureza dos humanos. Há alguns anos, a multinacional Sony me convidou (junto com outros especialistas) para estudar os mecanismos de aprendizado dos robôs, a fim de compreender melhor o processo de aprendizado dos humanos. Com o mesmo propósito, no capítulo seguinte, debateremos com Robert Sapolsky os mecanismos emocionais que são comuns a chimpanzés e a hominídeos e que estão na origem dos traumas provocados pelo exercício perverso do poder político.

Capítulo 6

As causas da infelicidade nas sociedades complexas

O exercício perverso do poder político

As chamadas sociedades complexas (nas quais nos coube viver) baseiam-se fundamentalmente no conhecimento, por um lado, e na interconectividade, por outro, com ambos os fatores num grau que as torna muito vulneráveis. Poder-se-ia alegar que, longe de gerirmos sociedades do conhecimento, ainda estamos gerindo o desconhecimento. Sobram exemplos de quanto os dirigentes políticos e os líderes sociais se limitam a administrar a ignorância dos demais.

Tampouco creio que haja muitas dúvidas sobre o fato de que a revolução nas comunicações transformou o grau de complexidade da interconectividade planetária. Pois bem: nas sociedades complexas, dão-se três fatores que nutrem o descontentamento e a infelicidade: o exercício perverso do poder político; a disparidade entre os índices de crescimento da economia e os da felicidade; e o que denomino sociedade das avarias.

Charles Darwin descrevia assim os sinais físicos do medo: olhos e boca abertos; cenho franzido; músculos paralisados; respiração suspensa; pulso acelerado; postura encolhida; palidez extrema; suor frio; pêlos arrepiados; irregularidades nas glândulas salivares, provocando secura da boca; tremores; falhas na voz; pupilas dilatadas; e contração dos músculos do pescoço. São os sinais inequívocos dessa emoção básica, a qual, muito provavelmente, já há uns 30 mil anos está na origem da arte, da religião e da política.

A tese deste capítulo é que a felicidade é nada mais, nada menos, que a ausência de medo, e ponto final. No Paleolítico, as principais ameaças de morte para as escassas e dispersas povoações humanas eram as guerras tribais e, sobretudo, o frio glacial, os ataques de feras, os estragos da velhice aos trinta anos ou as infecções, absolutamente imprevisíveis e incompreensíveis. O medo da morte incitou a busca de amparo nas primeiras religiões e expressões artísticas, e tanto a religião quanto a arte consolidaram essa ansiada proteção quando veio a estabelecer-se o poder político.

É extraordinário e incompreensível que, das três invenções humanas de maior sofisticação e impacto (a religião, a arte e a política, às quais poderíamos acrescentar a ciência), nascidas justamente para proteger do medo os hominídeos, duas tenham se tornado instrumentos de terrores indescritíveis e permanecido por completo alheias aos anseios primordiais de felicidade para cuja consecução elas vieram à luz. Como eu dizia, poderíamos acrescentar a elas a ciência, lembrando que, para os filósofos e cientistas desde Aristóteles até fins do século XX (na prática, até António Damásio), as emoções representavam a irracionalidade, cujo estudo e experimentação deviam ser evitados a todo custo.

A receita para uma convivência feliz que Platão propôs em sua célebre *República* (375 a. C.) e que tanto impregnou o pensamento ocidental pareceria a qualquer analista moderno um manual de sadismo. Quase vinte séculos depois (em 1515), Thomas More, um dos grandes reformistas do pensamento político, sugeria que as pessoas fossem obrigadas a abandonar suas casas para não se emocionarem com os objetos e lembranças acumulados. Em *A Cidade de Deus* (século V), santo Agostinho descrevia o triunfo da alma sobre o corpo na outra vida: "O prazer de morrer sem penas vale bem a pena de viver sem prazeres". Assim, nos tratadistas políticos ou religiosos de outrora, os humanos não encontravam nem refúgio, nem consolo, nem guia para a felicidade. Tampouco os encontrarão nas coleções que algumas editoras publicaram sobre mestres do pensamento que, supostamente, ocuparam-se da felicidade.

Hoje em dia, por outro lado, a ciência já se conciliou com o estudo da felicidade. Grande número de seus melhores representantes (como Daniel Gilbert, Martin Seligman, Daniel Goleman, António Damásio, Joseph LeDoux, Daniel Kahneman, Csikszentmihalyi e muitos outros) tem aprofundado em laboratório o estudo dos mecanismos do medo e da felicidade. Entre os estudiosos mais sensíveis ao mundo da política, já surgiram vozes (como a do economista Richard Layard, da London School of Economics) para alertar os homens públicos de que não continuem ignorando o tsunami milenar da busca e consecução da felicidade. Têm razão, pois as modernas técnicas para auscultar a opinião pública permitiram extrair uma conclusão irrefutável: uma redução de dois terços da renda provoca no índice de felicidade uma queda de apenas dois pontos numa escala de dez a cem; mas a degradação das liberdades políticas acarreta nos níveis de felicidade individual um cataclismo idêntico ao do divórcio, do desemprego ou da deterioração da saúde.

Os estudos realizados pelos professores Bruno Frey e Alois Stutzer confirmaram os resultados de um experimento com 6 mil cidadãos suíços: os índices de felicidade aumentam em função da maior participação individual nas tarefas políticas (nem todos os cantões suíços oferecem as mesmas margens de liberdade). Em termos monetários, um aumento *x* no grau de participação equivalia (numa das pesquisas) a ganhar mais que o triplo do salário. Trata-se de um fato surpreendente e totalmente incompreensível para os que nunca se ocuparam de zelar pela felicidade de seus cidadãos.

Encontro com Sapolsky

Robert Sapolsky, neurologista da Universidade Stanford (EUA), deve ter sido o único que não estranhou essas estatísticas sobre a correlação entre poder político e felicidade na vida moderna: ele foi o primeiro a calcular a mesma relação no homem primitivo. Antes dos experimentos de Sapolsky, ninguém entendia por que os pobres sofrem reumatismo e acidentes cardiovasculares (entre outras doenças) com maior freqüência que os ricos; e muito menos por que a diferença se mantém entre os pobres que enriquecem. À força de descartar hipóteses, Sapolsky chegou à seguinte conclusão: o grupo mais desamparado da população transmite durante várias gerações a marca dos estragos fisiológicos sofridos pelo exercício perverso do poder político.

Tanto os achados de Sapolsky quanto os estudos sobre o funcionamento da democracia participativa nos cantões suí-

cedida por Robert Sapolsky

Robert Sapolsky: "A saúde é determinada pelo lugar ocupado na hierarquia social".

ços e as relações disso com os índices de felicidade são sinais de alerta que pedem mudanças inadiáveis no poder político. Não obstante, ninguém parece tê-los escutado. Salvo os leitores de *Viagem para a felicidade*, e isso porque seu autor, após ter analisado as pesquisas de Sapolsky, resolveu procurá-lo e o entrevistou nas cercanias de Stanford (Califórnia). Foi um dos encontros dialéticos mais gratificantes de um percurso já longo por todo o mundo, entrevistando mais de mil cientistas notáveis que podiam ter parte das respostas para as perguntas de sempre.

Comecemos falando do estresse e de como ele afeta nosso corpo e nossa mente. Quando um agente estressante altera o que você denomina "alostase" – e eu, por ora, equilíbrio –, automaticamente a "glândula mestra" de nosso cérebro começa a secretar hormônios para recuperarmos o equilíbrio sem que estejamos cônscios disso. Consigo entender que o cérebro ordene aos dedos que se movam, mas como é possível que o cérebro inicie por conta própria o complexo processo de desfazer os efeitos do estresse no corpo?

Bem, trata-se de um processo às vezes muito complexo. Você está tranqüilamente sentado e então pensa: "Faltam quantos dias mesmo para terminar o prazo? Oh, não!

Só me restam quatro dias!". De súbito, você é presa de uma reação de estresse. Ela às vezes se deve ao que hoje se denomina "pré-consciente". Os processos pré-conscientes podem desencadear uma resposta de medo sem que estejamos conscientes dela. Uma das coisas que se observaram em pacientes com patologias de estresse pós-traumático é que, de repente, pode haver no ambiente algum estímulo que lhes desperte os medos sem que eles sequer estejam cônscios disso... "Ai, esta voz se parece com a da pessoa que me fez aquilo" ou "Este se parece com o beco escuro onde aquilo me aconteceu". Basta um estímulo pré-consciente para que logo o coração comece a bater acelerado e a pessoa seja invadida por uma sensação de pânico, sem estar necessariamente cônscia do motivo pelo qual isso lhe está ocorrendo.

É surpreendente – ocorre pura e simplesmente pensando, deixando a mente matutar! Compreendo perfeitamente que esse processo restaurador se inicie quando deparo com um leão na esquina, mas o extraordinário é que, apenas imaginando *que aparece um leão, já comece a funcionar o sofisticado processo que você descreve em seu livro* Why zebras don't get ulcers? *E não só os hormônios me preparam para o encontro com o leão – o qual nem sequer vi –, mas também se inibem processos fisiológicos enfocados no longo prazo, como a imunidade ou o desejo sexual. Minha pulsão sexual diminui simplesmente porque estou imaginando um leão na esquina. É incrível!*

É um processo que faz sentido quando se estuda o estresse da perspectiva de um animal, e não de um humano ocidental. Para um mamífero qualquer, o estresse significa que algo está muito concentrado em devorá-lo nos próximos dois minutos, ou que alguém está muito decidido a comer outro alguém naqueles dois minutos, e nesse lapso o corpo faz exatamente o que deve fazer: utilizar toda a energia armazenada para ativar os músculos apropriados; aumentar a pressão arterial para que a energia flua mais depressa; e, como você dizia, desativar todo tipo de projeto de longo prazo. Se um leão está perseguindo você, escolha outro dia para ovular, retarde a puberdade, nem pense em crescer, deixe para digerir mais tarde, adie para a noite a fabricação de anticorpos, se ainda estiver vivo então... Trata-se de eliminar tudo o que não é essencial. E, claro, o problema é que nós – primatas muito sofisticados que somos – podemos desencadear exatamente o mesmo processo de resposta ao estresse diante de um estado psicológico, uma lembrança, uma experiência, uma emoção, pensando em algo que pode ocorrer daqui a trinta anos ou que talvez não ocorra nunca – mas, ainda assim, iniciamos a mesma resposta ao estresse. O cerne da questão é que desencadearmos esse processo durante três minutos para salvar a vida é perfeito, mas que, se fizermos isso de modo sistemático, por motivos psicológicos, aumentam as possibilidades de adoecermos.

É verdade que esse processo já existia 60 mil anos atrás? Tinha as mesmas conseqüências naquela época? É tão útil hoje quanto era então?

Antes de tudo, eu diria que o mais certo é dizer que remonta a 100 milhões de anos. Eu até apostaria – nós, cientistas, adoramos esse tipo de aposta, porque ele é impossível de tirar a limpo – que os dinossauros tinham respostas hormonais ao estresse muito similares às nossas. Os lagartos, os peixes, os pássaros – todos têm a mesma resposta diante dos fatores de estresse. É um sistema antiquíssimo. Há 60 mil anos, como você dizia, ou talvez mais, nós nos tornamos primatas suficientemente sofisticados para desencadear o processo por motivos psicológicos. Mas é claro que, em termos evolutivos, 60 mil anos correspondem a um segundo. Temos um sistema fantástico quando estamos fugindo para salvar a vida, ou correndo para não perder o ônibus, ou jogando futebol, ou fazendo qualquer coisa que tenha sentido para qualquer mamífero. Só que o sistema é um desastre quando se põe a pensar "Ai, meu Deus! Vou morrer um dia!", ou "E agora? O que vamos fazer com o aquecimento global?", ou "Como vou pagar as contas no final do mês?". Em outras palavras, é um desastre quando se desencadeia de um estado psicológico de expectativa.

No âmbito da vida moderna, existe o perigo de estarmos reagindo desproporcionalmente aos fatores de estresse? Se as pessoas de fato reagem assim, isso poderia explicar em parte a proliferação de atos violentos no mundo.

Examinando as doenças psiquiátricas mais comuns, poderemos dizer que, de alguma maneira, trata-se de enfermidades de pessoas que não reagem bem ao estresse. Uma delas, a depressão profunda, aparece quando alguém diz em face do estresse e dos desafios: "Eu desisto... Não vou nem tentar enfrentar isso... Não consigo, não tem solução...". A pessoa está completamente subjugada. Mas, respondendo à sua pergunta, quando estudamos os casos de pessoas com distúrbios gerados pelo estresse, vemos que ante um fator estressante elas tentam reagir com uma atividade frenética, fazendo mil coisas ao mesmo tempo, e, aconteça o que acontecer, continuam nesse ritmo ainda que aquele fator já não esteja mais presente. É um estado psicológico de perpétua emergência, sem trégua. Eu suspeito de algo que seria a chave para entender alguns aspectos mais negativos de nossa experiência social como humanos: é que, tanto para nós como para o resto dos animais, um dos fatores que mais ajudam a aliviar o ônus do estresse é fazer os outros ficarem infelizes, dirigindo nossa agressividade contra eles. Há inúmeros indícios de que, infelizmente, trata-se de uma resposta que nos ajuda a enfrentar o estresse e, assim, contribui para fazer do mundo um lugar muito pior. Muitos evitam as úlceras à custa de provocá-las nos demais.

Então, uma maneira de diminuir a ansiedade ou a tristeza maligna é ameaçar e entristecer outra pessoa. É o que fazem os primatas, não?

Os primatas o fazem muito bem. Desconheço as estatísticas para a Espanha, mas nos EUA existe correlação imediata entre as crises econômicas e os maus-tratos a crianças e mulheres, do tipo "Estou de mau humor, estou estressado, preciso descarregar em alguém fisicamente mais frágil". Infelizmente, isso é típico dos primatas.

Susan Greenfield, uma psicóloga inglesa amiga minha, sustenta que a depressão é o resultado de uma introspecção excessiva e funciona como uma teia de aranha: se você não pára de olhar para si mesmo, acaba se enredando nela. Nesse sentido, a depressão seria tipicamente humana, porque nenhum outro animal tem essa capacidade de introspecção...

A resposta científica oficial é "Talvez", "Depende". Isso ainda é objeto de grande discussão. Nos animais, aí incluídos os primatas, pode-se observar algo semelhante à depressão humana. As reações químicas do cérebro são bastante parecidas. Poderia ser o resultado de um processo que nos é familiar, aquele no qual o animal está sentado na jaula e pensa: "Toda vez que há uma descarga elétrica em minha jaula, não consigo fazer nada, absolutamente nada, para evitá-la...". E ele sofre uma espécie de colapso. Os primatas não-humanos e o resto dos animais reagem dessa forma, que se parece muito com nossa sensação de impotência. Mas o único primata capaz de sentir-se impotente e desesperado diante de algo que está ocorrendo no outro extremo do planeta – ou de algo que ocorrerá daqui a cinqüenta anos – é o homem, que consegue projetar esse processo através do tempo e do espaço. A capacidade de comover-se com fatos que ocorrem longe é característica do ser humano.

Essa capacidade, até mais que a linguagem ou a fabricação de ferramentas, talvez seja o que mais nos distingue do resto dos animais. Há algo que me fascina no que você sugere em conseqüência de suas amplas pesquisas: assim como se pode ser vítima do estresse psicológico, pode-se também morrer de prazer... Prazer em excesso... Há prazeres que matam...

Sim, essa é a parte que mais chama a atenção no tema do estresse. Quando fugimos para salvar a vida, quando estamos mergulhados numa crise, como é que nosso coração reage? Ele bate descontrolado. O que acontece com a pressão arterial? Ela sobe. Tal como quando vamos ter um orgasmo. Chama muito a atenção o fato de que os mecanismos fisiológicos que se ativam em caso de intensa raiva ou emergência são idênticos aos que se ativam em situações de euforia ou prazer extremo. Nessas circunstâncias, se medirmos os ritmos cardíacos de uma pessoa, não conseguiremos saber se ela acaba de cometer um assassinato ou de ter um orgasmo – as condições fisiológicas são idênticas. Uma das conclusões que se depreendem disso é que alguém com coração fraco, com sistema cardiovascular vulnerável, poderia ter problemas em caso de crise. Agora, vou referir-me de novo a um caso de natureza sexual: um dos exemplos de prazer fatal mais comentados, pelo menos nos EUA, ocorreu quando um ex-vice-presidente supostamente morreu durante um encontro sexual com alguém que não era sua esposa.* O episódio despertou a curiosidade da imprensa, e os fisiologistas o apresentaram como um caso clássico de – conforme você dizia – prazer que mata.

Impressionante!...

Se estivéssemos em contato pela Internet e eu lhe pedisse que me desse apenas os dados da freqüência cardíaca, da

* Referência a Nelson Rockefeller (1908-79), que fora o vice na administração republicana de Gerald Ford. (N. T.)

pressão arterial e dos níveis hormonais, eu conseguiria adivinhar à distância se uma pessoa nas condições citadas estava a ponto de morrer, mas não saberia se em conseqüência do ataque de um leão ou de um orgasmo, já que ambos têm efeitos muito parecidos.

É uma descoberta interessantíssima, que sempre me lembra as palavras de Elie Wiesel, Nobel da Paz que sobreviveu a um campo de concentração. Ele insistia na necessidade de recordar as lições da história e dizia que "o oposto do amor não é o ódio, e sim a indiferença – o oposto do amor é a indiferença diante do sofrimento alheio". Parece incrível comprovar que, fisiologicamente, o amor e o ódio não são opostos, mas sim muito, muito parecidos. Daí que, quando estudamos o comportamento dos seres humanos, encontremos indícios de um dos fatos mais estranhos e incomuns no mundo dos animais não-humanos: nós confundimos sexualidade com violência. Esse comportamento não tem paralelo no mundo dos outros primatas. Do ponto de vista cerebral, o amor e o ódio não são opostos fisiológicos. São estados muito similares.

É extraordinário. Nesse sentido, eu gostaria de refletir sobre como o estresse pode afetar nossa saúde sem chegar a causar a morte. Existe um enfoque estritamente reducionista da saúde. Refiro-me aos que opinam que a saúde, ou a falta de saúde, é pura e simplesmente o resultado da ação de micróbios e vírus; se eliminamos os micróbios e os vírus, nossa saúde melhora. Mas há quem, como você, alerte que as coisas não são bem assim: é preciso compreender as condições sociais, já que o lugar que ocupamos na sociedade tem muito que ver com o nível de estresse que cada pessoa suporta. Ou seja, esse lugar pode ser fonte de estresse e angústia.

É um tema fascinante, de grande relevância, que me apaixona, embora quase toda a minha vida transcorra dentro de um laboratório, estudando a biologia molecular do cérebro. Quando se estuda uma sociedade muito estratificada e competitiva – como a americana, por exemplo –, comprova-se que existem enormes diferenças nos índices de saúde e expectativa de vida relativamente à posição na hierarquia social. Numa hierarquia social humana ocidental, o que exatamente é o *status* socioeconômico? Não se trata só de que, ao passar-se da pobreza para uma condição econômica mais confortável, a saúde melhora de repente. Trata-se também de que, desde o estrato mais baixo, passando pelos escalões subseqüentes, há um número enorme de doenças que são mais comuns entre os pobres. E aí queremos saber: qual é o motivo dessa curva socioeconômica? Ela é um fato que se comprovou em todos os países europeus – embora, claro, a situação seja mais perceptível nos EUA –, e a resposta das pessoas é: "Bem, obviamente os mais pobres não podem pagar um médico – é problema de falta de acesso à saúde". Só que não é isso de jeito nenhum, pois está comprovado que os países com acesso universal e gratuito à saúde pública têm exatamente as mesmas curvas. Mesmo se os mais desfavorecidos economicamente fizessem *check-up* sete vezes por semana, isso não mudaria entre eles a incidência das doenças em questão. O diabetes juvenil, por exemplo, apresenta a mesma curva. Em resumo, o acesso universal e gratuito à saúde pública não resolve isso.

Aí se poderia argumentar que, em muitos países ocidentais, os pobres demonstram mais tendência a fumar, a beber em excesso, a não fazer exercícios, a comer de maneira menos saudável. É evidente que tudo isso influencia a saúde. Mas, quando se analisa a questão levando em conta tais fatores, com o mesmo nível de consumo de cigarro e álcool, continua existindo uma diferença nas curvas que refletem os tipos de doença segundo o estrato social. Os fatores de risco – a saúde e o estilo de vida – só incidem em um terço da curva. As explicações lógicas não bastam. É preciso considerar os fatores psicossociais. O que são eles? O estresse. As descobertas mais importantes corroboram isso. Em primeiro lugar, elas demonstram que o *status* socioeconômico determina em larga medida a saúde – embora um indicador ainda mais confiável que o *status* socioeconômico seja o *status* socioeconômico *subjetivo*, isto é, o "Como você *acha* que vão as coisas?". Há experimentos incrivelmente simples nos quais mostram às pessoas uma escada com dez degraus e pedem a elas que se situem na escada em comparação a outros indivíduos. Essa medida tão simples é um indicador de saúde mais confiável que o *status* econômico real da pessoa. Trata-se não tanto de ser pobre quanto de *sentir-se* pobre. O xis da questão é: por que as pessoas se sentem tão pobres? Por que a sociedade faz que se sintam pobres? Em segundo lugar, descobrimos que é um problema não tanto de pobreza quanto de pobreza em meio à riqueza. A injustiça, a divisão desigual da riqueza, é o maior indicador de que os pobres terão má saúde. Não surpreenderá ninguém que nos EUA, o país com a renda mais elevada do mundo, existam as maiores diferenças de saúde entre os ricos e os pobres. Não se trata, portanto, de uma visão reducionista da saúde: está tudo ligado aos estados psicológicos de ser pobre e sentir-se tratado pobremente pela sociedade.

Robert, o que você diz me parece muito importante, inovador e quase ameaçador do ponto de vista do politicamente correto. Você sugere que, se quisermos mudar os efeitos negativos da pobreza, teremos de ir muito além do sistema de saúde pública, porque este pode ser redundante num contexto de pobreza definida pelas desigualdades sociais e políticas extremas. Não basta garantir que todos tenham acesso à saúde na mesma medida que os ricos. Nesse sentido, eu gostaria de propor uma questão. Sabemos que, para nossos antepassados primatas, o fator de estresse era produto da ordem hierárquica: o chimpanzé dominante podia tratar injustamente os demais para divertir-se ou, como você já apontou, para descarregar o estresse à custa de estressar os outros. Mas, pelo que deduzo do que você disse dos humanos, não se trata exatamente de uma ordem hierárquica, e sim de algo que você ainda não mencionou. Você insinuava que esse fator está relacionado ao exercício do poder e da dominação – ou, em outras palavras, do poder político. Talvez devêssemos refletir agora sobre como, no caso dos hominídeos e não dos chimpanzés, se plasmou essa submissão inquietante dos pobres ao poder.

Eduardo, é um tema importantíssimo, desses que, quando o compreendemos, ele nos leva a querer levantar a bandeira vermelha e correr para as barricadas. Os primatas não-humanos também têm hierarquias: os animais das camadas humildes sofrem mais estresse, o corpo deles funciona pior, e padecem de mais doenças. Entretanto, muitos fatores intervêm: tudo depende da estabilidade da hierarquia, do tipo de ecossistema ou da personalidade dos próprios animais. Ao estudarmos os primatas não-humanos, deparamos com vários condicionantes que demonstram que são animais muito sutis. Contudo, quando se estuda o caso dos humanos nas sociedades ocidentais – menos ou mais industrializadas, socialistas ou capitalistas, matriarcais ou patriarcais, religiosas ou laicas –, reaparece essa hierarquia para ditar que, se somos pobres, nossa saúde será pior. Começamos a nos perguntar se os humanos são socialmente menos sofisticados que os chimpanzés e os babuínos. Mas é claro que não. O que ocorre é que, há 20 mil anos, os humanos inventaram a agricultura. Até então, éramos caçadores e coletores, e quase todos os estudos apontam que esse tipo de sociedade era extremamente igualitário. Mas, quando inventamos a agricultura, nós inventamos os excedentes, surgiram as pessoas que queriam controlar esses excedentes, e, assim, apareceu a hierarquia. Em essência, a invenção da pobreza significou termos descoberto uma forma de dominar outros hominídeos descendentes de primatas como nenhum outro primata jamais havia feito na história deste planeta. Encontramos um método que, simplesmente, abusa das pessoas.

Na realidade, como você acaba de dizer, os humanos, assim que inventaram a agricultura e a pobreza, também descobriram uma forma de escravizar e subjugar os membros dos escalões mais baixos da hierarquia de um modo que nem os chimpanzés nem os outros primatas não-humanos jamais haviam sonhado. Eles são mais sutis que nós.

Não resta dúvida de que os primatas não-humanos são suficientemente astutos para pensar "Epa! Olha aquele ali do outro lado do campo – ele vai me dar problemas..." e ter uma resposta estressante antecipada, que psicologicamente se mostra muito sofisticada e pode ser característica de um babuíno na base da pirâmide social. Mas só um humano pobre é capaz de se sentar e pensar: "Como é que vou pagar as contas este mês? Como é que vou arranjar comida para as crianças na semana que vem? Como é que meus filhos vão seguir adiante se eu não conseguir mandá-los para a faculdade?". Só os humanos são capazes de ficar sentados e permitir que essa sensação de ansiedade e de impotência invada cada neurônio do cérebro, até se convencerem de que ela é o que define seu passado e seu futuro. É uma forma surpreendente de conseguir que o corpo não funcione bem – algo que não existe no mundo não-humano.

Você já explicou isso aos ministros da Saúde? Ou é uma causa perdida?

Como você dizia, o modelo dominante hoje em dia é o reducionista. Por exemplo: para solucionar as diarréias da população infantil, inventam-se novos antibióticos, em vez de tratar melhor a água. Para conter a Aids, inventa-se uma vacina, em vez de tentar mudar as coisas absurdas que as pessoas fazem na vida sexual. Para reduzir a pobreza, aprova-se uma lei que melhora ligeiramente a situação financeira das pessoas e lhes dão auxílios para que possam ir ao médico, em vez de transformar o estado psicológico básico que subjaz à sensação de impotência em nossa sociedade. É essa a tendência que se impõe, e a ciência a reforça com descobertas como a do genoma humano, que acarreta conhecimento genético superior e remédios e vacinas melhores. Em suma, uma solução reducionista, em lugar de uma solução social. Existe outra razão arraigada em nossa psicologia para que a sociedade não funcione bem: preferimos esperar que algo vá mal e depender então de alguém que resolva o problema, em vez de começar hoje mesmo, e não amanhã, a fazer as coisas de forma diferente – por exemplo, viver nossa vida de forma mais preventiva. Custa-nos muitíssimo adotar as pequenas medidas que, daqui a dez anos, serão significativas. Dizemos "OK, amanhã vou começar a fazer isso", mas esperamos até acontecer um desastre para então recorrer a alguém com jaleco branco e tecnologia de ponta que solucione o distúrbio. Psicologicamente, temos imensa dificuldade em nos adiantar aos acontecimentos.

Você disse algo aterrador e, ao mesmo tempo, muito significativo, e peço a meus leitores que prestem especial atenção ao que direi, algo que, grosso modo, *sublinha o que você vem dizendo durante anos: a pobreza está relacionada a um incremento no risco de acidentes cardiovasculares e doenças reumáticas, psiquiátricas e outras, mas o mais aterrador é que a pobreza é inapagável – nunca se consegue esquecê-la. Uma pessoa pode enriquecer e ter livre acesso aos cuidados médicos, mas os efeitos da pobreza a que esteve submetida antes a acompanharão até a morte. Não é assim?*

Até certo ponto, sim. É inquietante. Claro, é desejável que as pessoas consigam escapar à pobreza, porque a saúde delas melhorará – mas o eco, a cicatriz, da pobreza fica ancorado muito tempo depois de se terem eliminado os bolsões de miséria mais profundos de nossa sociedade. É um tema que os sociólogos têm estudado; uns vinte anos atrás, realizou-se um estudo, *As feridas secretas da pobreza*, demonstrando que, até duas gerações depois que uma família supera a pobreza, perduram atitudes, ansiedades e inseguranças que surgem do sentimento de desproteção. Chama a atenção que, psicologicamente, a angústia, o estresse ou o trauma, quando ocorrem nos primeiros anos de vida, deixam marcas inapagáveis. De certo modo, o mais surpreendente é que, como você dizia, ainda que enriqueçamos, nossa mente e nosso corpo conservam as marcas da pobreza anterior. Alguns estudos interessantíssimos demonstram que, se o feto é privado de certos nutrientes no terceiro trimestre de gestação, seu metabolismo será afetado para sempre. Isso se denomina "programação metabólica". Demonstra que, mesmo se tudo mais for equitativo a partir do nascimento, a pessoa, por ter-lhe faltado alimento durante o período fetal, terá maior probabilidade de sofrer de diabetes, hipertensão e obesidade quando tiver sessenta anos – porque seu corpo, quando ainda era um feto, decidiu que precisava armazenar tudo o que estava no sangue, por medo de essas calorias lhe faltarem mais tarde. O metabolismo decide ser poupador, e fica-se mais exposto às doenças. Pode-se ter sessenta anos e ser o Bill Gates, mas o pâncreas ainda se lembrará daquele trimestre fetal precário.

Uma última pergunta, Robert. Falamos dos fatores de estresse ligados às descargas hormonais internas, mas será que existe o perigo de que as substâncias do mundo exterior também sejam capazes de desencadear respostas estressantes?

Claro, há toxinas no meio ambiente, algumas delas derivadas dos hormônios, e parece que hoje em dia elas estão influindo sobretudo no sistema reprodutivo. A pergunta que talvez devesse nos preocupar mais é: podemos ingerir algo para reduzir o estresse? Claro, todos sabemos que as drogas, o álcool e o fumo são muito eficazes para reduzir o estresse, mas eles o fazem apenas momentaneamente. Imaginemos que se viva um período especialmente estressante; o álcool, ou alguma droga como o diazepam ou o clordiazepóxido, consegue diminuir os sintomas fisiológicos e psicológicos do estresse, mas sempre seguindo o mesmo padrão: quando os efeitos da droga se dissipam, volta-se a um nível de estresse maior que o anterior. E, aí, qual a solução? Bem, consome-se de novo, e de novo, e assim aumenta paulatinamente o nível básico de estresse. É a dependência. É indiscutível que não existe droga que se possa comprar legalmente na farmácia e seja realmente eficaz em nos livrar do estresse. Mas, comparativamente aos outros animais, a singularidade dos fatores estressantes dos humanos é que podemos nos dar ao luxo de sofrer fatores psicológicos enlouquecedores, o que é bom e ruim ao mesmo tempo. A maioria das pessoas tem a sorte de ser capaz de impedir essa situação, de resguardar a si mesmas, de levar a cabo as mudanças psicológicas e sociais pertinentes e compreender que elas são demasiado importantes para as deixarmos para amanhã.

Os cidadãos em face do poder

Aos cidadãos que dão como garantido o privilégio de viver em sociedades onde o poder político está sob controle, é difícil imaginar a brutalidade com que ele foi exercido em seus primórdios, 15 mil anos atrás. O aspecto destroçado dos fósseis de sacrifícios humanos, o transporte de pedras monumentais a quilômetros de distância, as guerras tribais dos povos primitivos que (em grupos dos quais se tem registro, como os jivaros e os ianomâmis) acarretavam o extermínio de metade da população masculina... Todos esses são indícios arrepiantes do exercício perverso do poder político. As agressões físicas e a permanente corrupção moral se combinavam para desintegrar toda e qualquer résquia de confiança no poder. Hoje sabemos que o estresse maciço imposto aos ratos e aos babuínos pode afetar até o tamanho de regiões cerebrais como o hipotálamo. Entre os humanos, há indícios suficientes para crermos que William Faulkner tinha razão ao afirmar que "o passado não está morto; ele nem sequer é passado".

Se os abusos de poder ocorrem nos países democráticos, cujos cidadãos são protegidos por constituições e por sistemas que controlam o poder estabelecido, fica fácil imaginar o jugo que suportam, impotentes, os habitantes dos países que não foram dotados de mecanismos contra os abusos da corrupção. Com freqüência, os próprios guardiães da lei e das instituições se aliam para praticar abusos impunemente, a ponto de imporem formas de pensamento que determinam os destinos de centenas de milhares de pessoas, em geral com enorme dureza quando se trata de grupos historicamente discriminados. São inegáveis os estragos nas esferas da vida intelectual, econômica e, claro, emocional desses infelizes habitantes, situação embasada num estado de estresse permanente, até a angústia e o medo. Em qualquer caso, essas práticas se traduzem numa altíssima cota de infelicidade. Diante desta, as pessoas reagem de modo diverso: desde a resignação com que se aceita a aniquilação da vontade individual e do pensamento próprio até a rebelião em face da injustiça. De todas as formas, o preço é muito alto, tanto quando se opta por preservar a própria vida, como quando se assumem riscos para conseguir cotas de liberdade e justiça mais amplas.

Na margem desafortunada da roda da fortuna, vivem milhões de pessoas, um contingente calado, aparentemente passivo e impotente. São os habitantes submetidos até a morte por grilhões econômicos ou psicológicos. Ao longo da história, a escravidão se caracterizou pela perda da liberdade com coação violenta da parte de indivíduos ou do próprio Estado. Ainda que em teoria todos os países do mundo a tenham abolido, um estudo recente da Organização Internacional do Trabalho revela que mais de 12 milhões de pessoas podem ser qualificadas como escravos. Outros estudos elevam esse número a 27 milhões. Muitos pesquisadores alegam que, nos últimos anos, ele cresceu devido ao tráfico de seres humanos nas mãos do crime organizado. Assim como o espectro da corrupção pode erguer-se cruelmente em qualquer país do mundo, assim também a escravidão consegue sobreviver apesar das garantias constitucionais que os Estados modernos oferecem.

Que ninguém pense que o exercício perverso do poder político não conta com a cumplicidade dos estragos emocionais gravados nas consciências ao longo de milênios. Especialistas em linguagem não-verbal destacaram as semelhanças residuais entre as atitudes das mulheres de países pouco suspeitos de exercer um programa cultural explicitamente machista e as de suas congêneres asiáticas. O biólogo e divulgador científico britânico Richard Dawkins aponta insistentemente o mesmo tipo de manipulação, em outro contexto: trata-se de seu famoso ensaio *Is science a religion?*, escrito a propósito de uma matéria publicada em 1995 no jornal londrino *The Independent*. Era Natal, e o prestigioso periódico trazia a foto de três meninos vestidos de Reis Magos num presépio. O texto dizia que os garotos eram "um muçulmano, um hindu e um cristão". Achava-se que fosse enternecedor que os três meninos, unidos, pudessem representar o Natal. A foto mereceu a seguinte resposta de Dawkins:

> O que não é nada enternecedor é que esses meninos têm quatro anos. Como pode nos ocorrer descrever um menino de quatro anos como muçulmano, cristão, hindu ou judeu? Ocorreria a alguém falar de um neo-isolacionista de quatro anos, de um republicano de quatro anos? As religiões são opiniões acerca do cosmo e do mundo que as crianças, quando crescerem, presumivelmente estarão em condições de julgar por si mesmas. A religião é o único campo de nossa cultura no qual se aceita incondicionalmente – sem sequer dar-se conta de quão extraordinária é esta situação – que os pais tenham absoluto poder de decisão sobre o que os filhos

serão, como se verão educados e que opiniões terão a respeito do cosmo, da vida e da existência. É a isso que me refiro quando falo de abuso mental de crianças.

Será que se trata de um mecanismo exclusivamente humano? Esse esquema responde a uma necessidade emocional? É produto da repressão social? Ou será ambas as coisas? Existe alguma outra razão, talvez genética? Por que os seres humanos aceitam a escravidão e o exercício perverso do poder político?

Parte da resposta poderia estar em nosso meio natural – na linguagem hermética, difícil de compreender, de outras espécies com as quais compartilhamos nosso hábitat. As chaves para os contratos sociais poderiam estar no comportamento de algumas espécies de insetos sociais – as modestas formigas, cupins e abelhas – cuja conduta, graças à infinita paciência de uns poucos cientistas, foi possível decifrar mais claramente. Os paralelos são fascinantes, pois a organização política e social dos humanos parece ter um eco assombroso nas comunidades desses insetos, as quais se comportam como superorganismos. Uma semelhança demasiado humilde para o orgulhoso *Homo sapiens*? Se a chave para os comportamentos dessas espécies refletisse em alguma medida o complexo mundo das relações pessoais, políticas e sociais dos humanos, a metáfora já não seria produto de uma casualidade.

A semelhança entre uma colméia e uma comunidade humana é inquietante. Hoje, sabe-se que não só a rainha da colméia está capacitada a pôr ovos: algumas abelhas operárias podem ser fecundadas e deixar descendência. Como o entomólogo autodidata Raymond Lane descobriu há bem poucos anos, elas todas voltam a ser férteis quando a rainha perece, de maneira que "o *status* vinculado à infertilidade é subproduto da repressão e, quando o poder opressor desaparece, as operárias recuperam sua fertilidade".

Demonstrou-se algo parecido com as formigas. Quando a rainha morre, as formigas da espécie *Leptothorax allardycei* passam mais tempo lutando entre si que cuidando do formigueiro. E, mesmo quando a rainha ainda vive, as operárias mais competitivas continuam pondo 20% dos ovos. Em superorganismos como as colméias, os formigueiros ou os cupinzeiros, parece evidente que a organização social obedece a um sistema repressivo no qual a rainha utiliza variadas armas para eliminar a capacidade genética dos súditos e ela própria reproduzir-se e manter o controle do poder: criando uma primeira geração só de fêmeas que, por não serem fecundadas, estão mais predispostas a ficar no ninho; interferindo no desenvolvimento dos ovários de suas crias; utilizando armas químicas como os feromônios; comendo os ovos das rivais; e, às vezes, cometendo infanticídios. Em algumas espécies que não têm rainha, as operárias mais combativas estabelecem sua supremacia neutralizando os órgãos genitais das demais. Quando a atividade reprodutora da rainha não basta para aumentar a massa da colônia, recorre-se à invasão e à conquista das colônias vizinhas. Em outras palavras, ninguém nasceria geneticamente rainha, isso se conquistaria pela repressão e submissão dos demais. E a vida nos superorganismos giraria em torno de uma trama de aristocratas, classes trabalhadoras, revoltas e guerras destinadas a que o poder não mude de mãos. Caso seja verdade isso, os humanos formariam também um superorganismo (como Edward O. Wilson sustentou durante muitos anos), mas por motivos equivocados.

As batalhas pela sobrevivência no interior dos superorganismos servem para ilustrar quão difícil é sobreviver em nossas próprias organizações sociais e políticas. No caso dos humanos, há um fator que ajudaria a tornar mais cômoda a convivência se ele fosse universalmente aplicado. Trata-se, de novo, do fator psicológico. Como já se apontou a propósito da teoria dos jogos, se num contexto de jogo os participantes são alertados de que alguém vai transgredir as regras, todos as transgredirão sem peso na consciência. Em experimentos recentes, comprovou-se que os alunos de administração de empresas tendem a dar menos dinheiro para obras de caridade e a cometer mais transgressões nesse tipo de jogo que os demais estudantes. Em outras palavras, uma pessoa predisposta a pensar que as outras são oportunistas e egoístas tenderá a comportar-se da mesma maneira.

A conclusão é muito clara: quando se transmite uma mensagem de insolidariedade, a população reagirá, majoritariamente, adotando critérios não-solidários. Por outro lado, é possível difundir entre os habitantes do planeta uma consciência global solidária, criando condições que propiciem a confiança e a sensação de que o jogo é limpo.

A responsabilidade dos políticos é, portanto, enorme. A sociedade faria bem se exigisse categoricamente para a vocação política uma pureza de espírito e de obra como a exigida por Vaclav Havel, dramaturgo e ex-presidente da Checoslováquia:

> A política é uma atividade humana que, mais que outras, demanda exercer a sensibilidade moral; refletir criticamente sobre si mesmo; assumir sem subterfúgios as responsabilidades que lhe cabem; demonstrar elegância e tato; colocar-se no lugar dos

outros; ser humilde e moderado; ser responsável para com algo que está acima de minha família, de meu país, de minha empresa, de meu próprio sucesso.

Com toda a certeza, Havel, ao pronunciar essas palavras, recordava a citação de Montesquieu: "Se alguém me oferecesse algo em meu benefício que fosse em detrimento da França, eu o recusaria; e agiria do mesmo modo se alguém me oferecesse algo em benefício da França que fosse em detrimento do resto do mundo". À luz das declarações e dos atos de muitos europeístas de novo tipo que defendem interesses de curto prazo nas relações com países de fora da UE, é perfeitamente legítimo perguntar se eles hoje permitiriam que um europeísta como Montesquieu ingressasse em suas fileiras.

Crescimento econômico sem aumento da felicidade?

Depois de termos visto o exercício perverso do poder político como fonte de infelicidade, chegou o momento de abordarmos a convicção generalizada de que, nas sociedades complexas, o bem-estar econômico aumenta incessantemente sem que, todavia, melhorem os índices de felicidade. Esse é o segundo traço definidor das sociedades complexas na viagem delas à felicidade. A terceira característica, que fecha o capítulo, é o conceito de sociedade das avarias.

A convicção generalizada de que os cidadãos do mundo moderno não são mais felizes que as pessoas de outras épocas provém da disparidade observada ao compararmos as curvas do crescimento da renda *per capita* – a qual aumentou significativamente nos últimos cinqüenta anos – com o índice de felicidade declarado pelos cidadãos – a qual estancou. Essa convicção reside também na relativa incapacidade de constituir as lembranças e, particularmente, esquecer os acontecimentos adversos. Quando afirmamos que "qualquer tempo passado foi melhor", estamos evidenciando que só recordamos do passado (aquele que, de forma indelével, levamos no inconsciente) os acontecimentos mais felizes.

Nas atuais circunstâncias, não é certo que os números dêem conta da realidade. Há vários matizes que, uma vez reconhecidos, proporcionam uma visão bem mais otimista do impacto dos avanços econômicos nos níveis de felicidade. Em primeiro lugar, quando se pergunta às pessoas se elas são muito felizes, razoavelmente felizes ou nada felizes, a similaridade entre as respostas surpreende. Salvo uns 10% (aproximadamente), todo o mundo diz ser feliz ou razoavelmente feliz, em todas as latitudes e meridianos. E mais feliz que os demais! Se, para simplificarmos, nós nos fixarmos apenas nas seis emoções facilmente reconhecíveis que Darwin enumerava (o medo, a felicidade, a tristeza, a ira, a repugnância e a surpresa), não aparecerão grandes variações quando perguntarmos pela evolução de cada uma delas, exceto entre o 1% e os 10% da população que são atingidos pela esquizofrenia, pela depressão ou, simplesmente, pela ansiedade. Donde ser muito mais difícil do que parece reconhecer as expressões faciais. Por isso e por outra razão de peso que mencionávamos no trecho referente às emoções de nossos antepassados (ou seja, às emoções do resto dos animais). Diferentemente dos outros mamíferos, os humanos têm emoções ambivalentes, assim como a possibilidade de controlá-las em parte e até refleti-las só numa pequena porção do rosto, naqueles processos iniciais ou de controle consciente da expressão facial. O melhor perito mundial em reconhecimento facial, Paul Ekman, professor de psicologia no departamento de psiquiatria da University of California Medical School, descreve exemplos fascinantes em seu *site* (www.emotionsrevealed.com), que recomendo aos leitores. Para que ninguém se sinta excessivamente desapontado ante as dificuldades de discernir as emoções ambivalentes que caracterizam os hominídeos, não me envergonho de contar que, num dos exemplos de análise de catorze rostos com as expressões darwinianas antes citadas, só consegui acertar quatro.

No que se refere aos instintos básicos, todo o mundo está geneticamente sintonizado (e moldado pela influência do meio) num ponto determinado, que é o de seu equilíbrio. Em 10% da população, esse ponto de sintonia está demasiado baixo ou demasiado alto. Por exemplo, um dos componentes do sentimento de felicidade plena é a ânsia de reconhecimento da parte de terceiros e, particularmente, do grupo mais próximo. Se o ponto de sintonia de uma pessoa está muito acima da média, nenhum elogio ou prêmio saciará sua sede de reconhecimento. Buscando constantemente nos outros os sinais de sua própria existência e de seus próprios valores, ela se manterá num estado de ansiedade e insatisfação que conspira contra a felicidade.

Contrariamente à opinião generalizada, impera (salvo para uma porcentagem reduzida da população) certa estabilidade ou equilíbrio emocional para além dos estímulos ocasionais ou cotidianos, muito embora bastem uns 2% de psicopatas para semear a infelicidade em grandes setores. Donde certa decepção ao constatarmos, sempre e sempre, que determinados fatores externos como a saúde ou o dinheiro não incidem significativamente nos níveis de felicidade. Mas trata-se de uma aparência enganosa. Passamos por alto do fato de que uma série de fatores psicológicos e sociais pouco conhecidos neutraliza ou compensa o aumento esperado nos níveis de felicidade. Vejamos o caso da contínua expansão da prosperidade e da riqueza econômica medidas pelo aumento da renda *per capita* nos últimos cinqüenta anos.

Entre meus conhecidos mais antigos, Loreto e Paco são um casal pródigo em estabilidade. Nunca se consideraram particularmente ambiciosos; nunca alguém os ouviu se queixar amargamente do trabalho; sempre são afetuosos; e, para completar, os filhos lhes herdaram a calma. Contra todos os prognósticos, a profissão de Paco não é daquelas que a imaginação popular consideraria das mais aprazíveis e mais emocionalmente preservadas: ele é psiquiatra. Conheci psiquiatras, como o dr. Jaén em Barcelona e o dr. Bannel em Bordeaux, pelos quais, quando viviam, eu poria a mão no fogo jurando que ninguém conseguiria vê-los levantar a voz, nem sequer para os pacientes que resistiam a submeter-se às sessões de eletrochoque que sua turma estava acostumada a aplicar no pós-guerra; e conheci outros, como o dr. X (que ainda vive), que, num acesso de loucura, apontou uma pistola para uma mãe e seus filhos na cozinha, vociferando (com razão) contra a estupidez da evolução cultural do pós-guerra. Pois bem: recordo perfeitamente a diferença razoável entre o dinheiro que Paco ganhava e aquele de que, segundo ele próprio, precisaria para viver sem problemas. Passados vinte anos, em 1973, quando voltei do exílio e o revi (só Deus sabe os motivos de ter-lhe perguntado isto, para além da certeza de que não me ocorria escrever este livro 32 anos depois), aquela diferença continuava igualmente razoável, mas o salário requerido dera um salto considerável. Estava claro que, com o aumento do nível de bem-estar econômico, o cérebro dá um jeito de adequar, imediatamente, o que considera o nível de renda necessário para manter o nível de felicidade.

Como disse Richard Layard (que chegou à mesma conclusão na London School of Economics),

> o aumento de um dólar em minha renda empurra em quarenta centavos para cima a minha renda desejável. Assim, se este ano ganho um dólar extra, isso me faz mais feliz, mas, no ano seguinte, compararei minha renda com uma meta que é quarenta centavos superior. Nesse sentido, pelo menos 40% do ganho deste ano desaparecerá no ano seguinte.

A renda que se estima necessária para ser feliz aumenta com a renda real. Esse é, portanto, o primeiro matiz que modifica substancialmente a convicção generalizada de que, se a economia cresce, a felicidade continua estancada. Mas existem outros matizes psicológicos não menos importantes que apontam no mesmo sentido.

Há um ano, Carlota abandonou seu emprego de informática, muito bem remunerado, numa estatal. O trabalho consistia em convencer os potenciais clientes a submeter-se a uma auditoria de segurança informática que muito poucas instituições além da sua estavam creditadas internacionalmente a realizar. Carlota, porém, estava angustiada com a idéia de dedicar-se a essa tarefa pela vida toda. Resolveu mudar de trabalho e aceitar uma oferta mais mal remunerada numa editora de livros científicos. Mas equivoca-se quem, por isso, acha que a felicidade de Carlota não estava correlacionada com a renda. Um ano depois de seu ingresso na editora, comunicou-se um aumento de 6% para todos no departamento, com exceção de dois funcionários que, por motivos muito específicos, receberiam 10%. Carlota, que não se importara de aceitar um salário nitidamente mais baixo ao mudar de cidade e de profissão, pôs a boca no mundo, ameaçando até demitir-se por causa de uma diferença de quatro pontos percentuais. A felicidade de Carlota estava correlacionada não aos salários em geral, e sim aos salários relativos – ou seja, aos salários das pessoas que trabalhavam com ela. Por conseguinte, não é de estranhar que os índices de crescimento do produto interno bruto não puxem para cima o índice de felicidade individual. Para as pessoas, o que importa são os salários relativos.

Por último, há um terceiro matiz psicológico que também distorce seriamente a suposta insensibilidade dos índices de felicidade para com o crescimento econômico. Esse matiz tem que ver com a capacidade do ser humano de adaptar-se tanto a novidades quanto a situações consolidadas. Não se trata apenas (como sugere Daniel Gilbert) de que superestimamos o grau de felicidade vinculado a um acontecimento futuro e portanto nos equivocamos nos prognósticos afetivos, mas também de que, até sem nos equivocarmos, passada a novidade e transcorrido um tempo desfrutando o objeto, a companhia da pessoa ou a vivência do acontecimento ativador da felicidade, tudo parece voltar à normalidade. Ninguém mais se recorda da lua-de-mel, da lava-louça nova e do carro recém-estreado.

À luz do que foi dito, seria preciso que os pessimistas empenhados em apregoar que algo muito grave está ocorrendo – porque, argumentam eles, a riqueza e o bem-estar econômico vão para um lado e a felicidade, para outro – lembrassem que determinados fatores genéticos e psicológicos alheios a essa relação neutralizam os esperados aumentos no índice de felicidade. Ademais, essa compensação negativa se vê agravada por fatores sociais como o aumento do alcoolismo, da narcodependência e da criminalidade. Curiosamente, os índices de delinqüência dispararam a partir dos anos 1950, em pleno *boom* econômico. É muito provável que, como pressagiava o grande paleontólogo americano Stephen Jay Gould antes de morrer, "não é nada evidente, quando se estuda a história da evolução, que estejamos caminhando para algo melhor"; ainda assim, ficamos de cabelos em pé ao imaginar em que abismos estariam submersos os índices de felicidade individual se não fosse o constante crescimento econômico do último meio século.

A SOCIEDADE DAS AVARIAS

Diferentemente da grande maioria dos espanhóis, sou um admirador dos EUA. Há razões pessoais que justificam minha admiração, mas ela, fundamentalmente, vem da constatação (tal qual se dá no Reino Unido) dos efeitos singulares e permanentes da revolução liberal inglesa do século XVII. Uma revolução política que pôs o rei e os cidadãos em igualdade de condições perante a lei comum. Nesse sentido, alguns historiadores afirmaram que foi a única revolução realmente social da história da humanidade. Quatro séculos depois, os dois países continuam sendo quase os únicos no mundo em que o Estado não está blindado nem superprotegido perante a lei. No final do século XVIII, a Revolução Francesa estabeleceu as liberdades políticas e individuais dos cidadãos, mas, estranhamente, assumiu o arcabouço jurídico do *ancien régime*. Donde, na grande maioria dos países europeus, as ditaduras – a franquista, por exemplo – se acomodarem perfeitamente ao regime jurídico herdado. O general Franco não precisou modificá-lo, porque o Estado já estava, e continua estando, perfeitamente blindado em face de seus cidadãos; ele até conta com seus próprios advogados e tribunais.

O parágrafo anterior não pretende de modo algum combater o antiamericanismo característico da opinião pública européia continental; quer, isto sim, adiantar que o relato que segue, sobre minha última viagem aos EUA, não está influenciado pela visão que impera acerca daquele país, visão da qual me sinto muito distanciado. O fato ocorreu durante uma visita para conversar com vários cientistas em diversos estados americanos. A primeira entrevista se deu em Baltimore, com o astrônomo Mario Livio, o já mencionado administrador do programa do telescópio espacial *Hubble*. A segunda estava prevista para a Filadélfia, e resolveu-se ir de carro para lá. O trânsito na auto-estrada era tão intenso que me deu tempo de refletir longamente sobre os motivos ocultos pelos quais a maior potência mundial suporta engarrafamentos piores que os das capitais de seus países aliados na Europa. O martírio que é entrar e sair das grandes cidades americanas, o sufocamento dos indivíduos pelo tráfego e a intolerável perda de tempo nos pedágios (não obstante os últimos avanços em controle automatizado) tornaram aquela viagem uma via-crúcis que, por ora, seria inimaginável na Europa.

Terminado o trabalho na Filadélfia, decidi pegar um vôo para Nova York. O avião (sentar-se em seu interior foi uma bênção após ter passado por todas as verificações de segurança no aeroporto) não pôde ou não conseguiu decolar. Depois de pouco mais de uma hora de espera, informaram-nos de que, por culpa de uma avaria, todo o mundo teria de voltar ao ponto de partida e aguardar outro comunicado da companhia aérea. Após mais meia hora na sala de embarque, resolvi deixar o aeroporto e viajar de trem para Nova York.

Na estação, foi relativamente fácil conseguir passagem e esperar tranqüilamente a partida do trem num assento bem mais confortável que o da companhia aérea. Mas a composição não dava partida. Passada meia hora, anunciou-se pelo alto-falante que o trem sofrera uma avaria e que se tentaria acomodar os passageiros na composição seguinte, a qual já estava a ponto de sair. Foi preciso agüentar a baldeação de um trem a outro e, sobretudo, as discussões entre os recém-chegados do trem avariado e os viajantes do outro, refestelados em seus assentos já havia um bom tempo, com suas maletas e seus *notebooks* comodamente abertos nos assentos contíguos e (até então) vazios. Por fim, pôs-se em marcha aquele transporte improvisado para dois grupos de estados de ânimo díspares. A uns vinte quilômetros de Nova York, no meio de um descampado, o maquinista reduziu paulatinamente a velocidade até que o trem parou por completo. Ao cabo de alguns minutos, explicou-se pelo megafone que, devido a um incêndio numa área próxima à cidade, havia uma fila de sete trens para entrar em Nova York. Ocorreu-me que era exatamente isso o que eu queria dizer com o conceito de sociedade de avarias.

Com toda a probabilidade, os trens de cinqüenta anos atrás eram mais incômodos e quebravam com mais freqüência. Lembro-me perfeitamente (embora, depois de minha conversa com Oliver Sacks, me seja muito difícil utilizar esse advérbio para referir-me à memória) de minhas viagens ferroviárias de Tarragona para Barcelona, em vagões de terceira classe, durante a infância. Os assentos eram idênticos aos bancos de madeira pintados de verde que, atualmente, são valorizados como antigüidades nos jardins de casas de campo na Catalunha. Eram então muito duros e incômodos nas viagens longas (como aquele trajeto de Tarragona a Barcelona); hoje são igualmente duros e incômodos, porém bonitos. O tempo lhes outorgou uma beleza que, durante o pós-guerra, não sabíamos apreciar. Onde jaz a diferença emocional entre outrora e agora?

Sem nenhuma dúvida, na massificação, que confere a qualquer anomalia um caráter catastrófico. Os viajantes do trem de Tarragona a Barcelona (nas rodovias, o tráfego era apenas incipiente) constituíam um grupo momentaneamente isolado e desconhecido do resto do universo. Não podiam contatar ninguém até que chegassem à estação de destino, onde eram esperados (o contrário seria o cúmulo!) pela tia e pela avó. Na entrada de Nova York, havia sete trens esperando, e um milhão mais de passageiros, todos conectados com o resto do planeta (eu, em particular, com San Cugat, perto de Barcelona).

Em 7 de julho de 2005, eu estava em Londres quando ocorreram os ataques dos terroristas islâmicos contra estações de metrô e um ônibus. Bastaram quatro bombas com muito pouca carga explosiva, colocadas nos vagões, para paralisar num instante todo o tráfego de uma cidade de mais de 10 milhões de habitantes. Cinco dias depois, ainda não se sabia com exatidão o número de mortos, nem se conseguira identificar muitos dos falecidos, sepultados mais de trinta metros abaixo da superfície na estação King's Cross. Entretanto, na mesma tarde do atentado, todo o mundo pôde contemplar o espetáculo impressionante da longa e silenciosa caminhada de centenas de milhares de londrinos sem transporte, voltando para suas casas, com as mãos vazias nos bolsos e o firme propósito de que, apesar do dano que lhes imputara o inimigo, este não conseguisse mudar o modo de vida nem as idéias deles.

O que acontecera para que, em poucos minutos, a emoção básica do medo desembocasse naquelas reações idênticas de milhões de pessoas? A extrema vulnerabilidade das sociedades complexas que fora evidenciada pela estratégia dos terroristas indicava, ao mesmo tempo, a enorme complexidade e diversidade dos fatores que, em cada caso, determinam em termos evolutivos a decisão de *to fight or fly* (lutar ou fugir). A emoção do medo desencadeara reações muito diferenciadas nos atentados das torres gêmeas, em Nova York, nos da estação de Atocha, em Madri, ou nas bombas no metrô e no ônibus de Londres. A ameaça do ataque de uma hiena com que se defrontava o homem primitivo culminava numa decisão solitária e simples: optar entre ficar e lutar ou, pelo contrário, fugir. As reações ante os atentado de Nova York, Madri e Londres não foram simples. A resposta evolutiva de lutar ou fugir estava sempre presente, mas matizada por outras considerações de tipo social e político, como a reafirmação do sentimento nacional, a vontade de mudar de governo ou a determinação de frustrar o inimigo. Claro, as reações tampouco foram solitárias: hoje, a revolução do audiovisual e das telecomunicações faz que a vontade individual se dissolva numa opção coletiva e concertada.

Na sociedade das avarias, se a felicidade é a ausência do medo (como se dizia nos capítulos anteriores), multiplicam-se os estímulos geradores do medo, mas limita-se o impacto negativo deles sobre os índices de felicidade, graças ao respaldo coletivo e (de certa maneira) burocratizado no âmbito da interconectividade. Paradoxalmente, a função de amparo em face dos acidentes ou da mudança climática que a arte, a religião e o poder político desempenhavam há 30 mil anos (função que foi o motivo da existência dessas três instâncias) é hoje cumprida pela tecnologia. O cidadão moderno, inconscientemente, delega à tecnosfera a angústia que lhe provoca a imprevisibilidade dos acontecimentos e das respostas para o que não tem explicação. Não lhe sobra tempo para outra coisa. Como disse a propósito da deterioração provocada no meio ambiente o químico atmosférico inglês James Lovelock (criador da hipótese de Gaia, segundo a qual a Terra seria uma espécie de superorganismo), "passamos o tempo tapando as goteiras do planeta, em vez de protegê-lo para que elas não surjam".

Por fim, a sociedade das avarias também encontrou, através da chamada obsolescência planejada, uma maneira de fazer frente aos índices de felicidade, propiciando a adaptação a cada novo estímulo positivo ao qual se fez referência antes. Devemos o conceito de obsolescência planejada ao *designer* industrial americano Brooks Stevens, que, em meados dos anos 1950, a definiu como "a necessidade de insinuar na mente dos compradores o desejo de contar com um produto um pouco mais inovador, um pouco melhor, um pouco antes que se necessite dele". Diferentemente dos fabricantes de iogurte, os de equipamento não dão data de validade a seus produtos, mas é como se estes a tivessem. Os engenheiros programaram a vida útil dos carros, das geladeiras e das lava-louças para certo período de tempo, de maneira tal que nenhum fabricante de peças de reposição pensaria em lançá-las no mercado com uma vida útil superior à calculada para o equipamento inteiro. O *marketing* fica condicionado ao *design* estético, de modo que a criação anual de modelos automobilísticos e roupas sazonais ou o ciclo da moda mantêm elevados os níveis de produção, embora caiam os índices de satisfação inerentes ao uso prolongado das coisas, ou à tendência atávica de acostumar-se. O preço coletivo que se paga por isso (em termos de dejetos, poluição ou perda no valor de produtos descartados antes do tempo) pode ser irrisório se comparado à manutenção dos índices de felicidade.

À guisa de conclusão, não parece que o crescimento econômico tenha nas sociedades complexas o impacto negativo que muitos observadores lhe atribuem nos índices de felicidade. São outros fatores psicológicos (como o efeito ímã que os salários reais exercem sobre o salário almejado) e outros fatores sociais (como a crescente demanda de segurança por causa do aumento exorbitante da criminalidade) o que mascara os efeitos positivos do crescimento econômico sobre a felicidade.

Por outro lado, é inegável que o desenvolvimento tecnológico das sociedades complexas aumenta a vulnerabilidade destas. Mas a revolução da informática e das telecomunicações, longe de atentar contra os índices de felicidade, rompeu a solidão do indivíduo ante a imprevisibilidade dos acontecimentos e socializou as respostas dele. No entanto, as sociedades complexas e seus índices de felicidade acusam os terríveis efeitos do exercício perverso de um poder político que preferiríamos mais sensível, exemplar, solidário e democrático.

Capítulo 7

A felicidade programada: comida, sexo, drogas, álcool, música e arte

Os paraísos artificiais; motivação e recompensa

Sem dúvida, os animais também sonham. Aliás, grande parte dos sonhos dos humanos tem que ver com a origem remota e primordial dos sonhos, no primeiro organismo que serviu de ponte entre os últimos répteis e os primeiros mamíferos. Provavelmente, o primeiro sonho remonta a 140 milhões de anos. Surgiu quando a crescente complexidade da vida obrigou os organismos que nos precederam a dispor de uma câmara de simulação para o aprendizado do que podia acometê-los. Por isso, o leitor não estranhará que, na fórmula da felicidade detalhada no capítulo seguinte, figurem (é claro) o aprendizado e (surpresa, surpresa!) o desaprendizado consciente. Nos sonhos multitudinários das cidades-dormitórios das grandes metrópoles modernas, as imagens de perseguição e luta pela sobrevivência continuam sendo as mais comuns.

Todavia, as perguntas que os humanos fazem a si mesmos na escuridão da noite numa cidade-dormitório e as que faziam os primeiros mamíferos no crepúsculo (tinham de ganhar a vida à noite, porque de dia os imbatíveis dinossauros não os deixavam viver) são radicalmente distintas. "Meu Deus, vou morrer um dia!" "Quem vai cuidar dos meus filhos se eu não conseguir voltar?" "Será que o planeta vai se aquecer até que tudo vire um deserto?" "O que impede que a próxima bomba de um fanático suicida acabe com a minha vida no metrô?" Como dizia Robert Sapolsky, o estresse por motivos tão-somente imaginados é característico do ser humano.

As imagens configuradas na mente não podem ser mero produto do sistema de percepção visual. É necessária a ação de uma parte muito desenvolvida do cérebro, o neocórtex, para conseguirmos sonhar além do já vivenciado por nós e darmos uma resposta, também caracteristicamente humana, ao estresse imaginado. A busca de proteção navega pelos mares da religião, do poder, das drogas, do álcool, da música e da arte. São respostas *extraordinárias*, literalmente.

A felicidade programada tem que ver com a capacidade de imaginar situações estressantes e adentrar voluntariamente o mundo dos sonhos. Em certos aspectos, os atalhos se assemelham ao sonho lúcido (aquele em que se está consciente de sonhar) que gostaríamos de controlar acordados. Os sonhos, por sua vez, estão ligados ao predomínio das imagens visuais. A única diferença entre nossos sonhos e as alucinações dos esquizofrênicos é que eles às vezes ouvem vozes. Por isso, precisamos nos deter um instante na formação e na função desempenhada pelas imagens visuais nos processos oníricos.

O olho fornece a informação sobre a luz e a escuridão, mas não contribui em nada para o significado e a percepção das coisas. É preciso algo mais para sonhar uma imagem que vivenciemos como real. Como diz Daniel Dennett (catedrático de filosofia na Universidade Tufts, Massachusetts), a visão não pode ser explicada como um processo que vai de baixo para cima. Vejamos esse processo tal qual o descreve a escritora americana Andrea Rock após tê-lo discutido com muitos fisiologistas e neurocientistas:

> Quando estamos despertos, os pontos desordenados que representam a atividade elétrica gerada pela retina, golpeada por fótons, projetam-se para uma repetidora localizada no tálamo – que, por sua vez, os retransmite ao córtex visual primário. Em seguida, os sinais se dirigem a diferentes sistemas neuronais, especializados em tarefas tão díspares como o reconhecimento facial, a articulação motora ou a cromática. Por fim, toda essa informação flui até a parte mais elevada do sistema visual, chamada córtex associativo, que armazena a memória, dirige os aspectos mais abstratos do processo visual e reconstitui a imagem que vemos.

Essa longa citação de um texto estritamente descritivo tem grande valor não tanto pelo que relata, e sim pelo que implica: nossa percepção visual do universo possui um componente imaginado quase exclusivo – algo ou alguém constrói com base em pontos dispersos a imagem final. Aliás, quase todo o processo poderia ser perfeitamente inconsciente. De fato, não mais que 5% da atividade mental se desenvolve de maneira consciente.

Respondendo à velha pergunta de Newton à qual eu me referia no início do livro (como consegue uma massa cerebral amorfa pensar e sentir a glória das cores?), a ciência argumenta que se trata de representações de imagens idealizadas: "O mundo que vemos", diz J. Allan Hobson, psiquiatra e neurocientista do Massachusetts Mental Health Institute, "não é mais que uma seqüência de estruturas de ativação de neurônios que representam imagens, e ponto final."

A felicidade programada: as representações mentais dos prazeres vinculados à comida e ao sexo, ou resultantes das drogas, do álcool, da música e da arte, são os protagonistas desse mundo de imagens meio real, meio imaginado. No caso das drogas, trata-se de um mundo constatado e denunciado apenas a partir de determinado momento, mas várias vezes milenar. Sabe-se que os humanos utilizam a nicotina há 10 mil anos, a coca há 7 mil, e que eles dominam o segredo da obtenção de bebidas alcoólicas por fermentação há pelo menos 6 mil anos. Muito antes de a medicina ter-se ocupado de erradicar doenças, os pacientes, por conta própria, buscavam canais para reforçar sua sensação de felicidade.

A medicina moderna, que preferiríamos mais preventiva e centrada nos mecanismos do bem-estar, foi criticada por não explicar em bases científicas os recursos de que nossos antepassados mais remotos já faziam uso e por não pesquisar as possíveis aplicações médicas deles. Enquanto os médicos continuavam concentrados em curar doenças, seus pacientes se interessavam pela medicina preventiva, ou seja, pela forma de evitar as doenças. O mesmo se dava com os neurocientistas, que relacionavam o cérebro com as disfunções e as patologias, e com os pacientes deles, que exploravam a relação entre a mente e o bem-estar metabólico.

Em nossa sociedade, fascinada pelos investimentos multimilionários, surgem (em clara contraposição a isso) atitudes que indicam grave déficit de manutenção. O que faz uma pessoa sentir-se feliz? De que recursos dispõe o cérebro que possam ser utilizados pela medicina? Quais as conseqüências biológicas (aí incluídos os riscos) da experimentação com o prazer? Quantos tipos de prazer existem no cérebro? Cada tipo de prazer tem seu próprio substrato neurológico? Essas perguntas serão cada vez mais importantes na sociedade do futuro, centrada na manutenção. A resposta a muitas delas ainda não é fidedigna, mas há número suficiente de indícios empíricos para fazer pensar que a grande maioria dos prazeres compartilha numerosas fases em seus circuitos cerebrais. E não se trata apenas dos prazeres especificamente sensoriais, como a comida e o sexo. Provavelmente ocorre o mesmo com os afetos (e não só com os prazeres), como o amor; com sensações de bem-estar ativadas pela música e pela arte; e até com juízos de ordem ética e moral.

Quais são os riscos, se os há, de condutas como a dependência característica de drogas viciantes? Para começo de conversa, todo abuso do prazer de comer, fazer amor, drogar-se ou distrair-se com a arte e a música comporta algumas disfunções mais toleráveis que outras. No caso da comida e do sexo, está claríssimo que sem os mecanismos neuronais do sistema de recompensa e motivação (ou seja, sem que se saboreasse e desfrutasse a comida e o sexo), a espécie teria morrido de inanição e não se perpetuado. Donde o êxito da boa cozinha e a garantia de que o sexo promoverá a perpetuação da espécie. Mas até esses dois atalhos vinculados diretamente à sobrevivência humana comportam certa moderação no acesso ao prazer. Os sistemas de recompensa são centros do sistema nervoso central que obedecem a estímulos específicos e naturais. Regulados por neurotransmissores, permitem que o indivíduo desenvolva condutas aprendidas que correspondem a fatos prazerosos ou desagradáveis. A área ventral tegumentar e suas projeções dopaminérgicas para o núcleo *accumbens* constituem a principal região que possibilita o desenvolvimento daquelas condutas. Essa via natural é um circuito emocional que está presente em todos os mamíferos e origina as condutas aprendidas para a sobrevivência e a reprodução.

A comida, pelo excesso ou pela escassez, acarreta distúrbios como a obesidade, a bulimia ou as acumulações tóxicas prejudiciais à saúde. Acontece o mesmo com o sexo, que (como vimos no capítulo 1 com o rato marsupial australiano) pode levar a um descuido na manutenção da estrutura social ou a uma desorganização desta. A evolução pressupõe certa prudência no emprego daqueles canais de acesso ao prazer vinculados à sobrevivência. Isso é verdade até no caso das drogas, da arte e da música, instâncias em que (como se verá mais adiante) os mecanismos de compensação se fundamentam nos efeitos positivos da mente sobre o corpo.

Trata-se de um processo neurobiológico complexo, intimamente relacionado ao mecanismo de recompensa do sistema límbico, que se baseia nos sinais da dopamina e das endorfinas e (muito provavelmente) nos mecanismos morfinérgicos de tipo endógeno. Os circuitos neuronais de motivação e recompensa estão presentes em todos os organismos vivos desde a drosófila (a mosquinha-das-frutas) até os humanos, passando pelos ratos. Há quem só consiga explicar determinados comportamentos das bactérias recorrendo também a um mecanismo de motivação e recompensa. Os mecanismos de prazer têm regido o instinto das espécies para alimentar-se e reproduzir-se, além de ativarem a busca de sensações de bem-estar que são provocadas pelas drogas e pelos estímulos artísticos.

A sensação de prazer é muito poderosa. Se uma coisa é prazerosa, queremos repeti-la. As atividades vitais (como comer ou copular) ou as expressões artísticas ativam um circuito especializado de neurônios que produzem e regulam a sensação de prazer. Esses neurônios situam-se acima do tronco encefálico, na área ventral tegumentar. Dali, utilizando axônios, os neurônios transmitem suas mensagens às células nervosas situadas no núcleo *accumbens*. É essa a anatomia do circuito neuronal do chamado sistema de motivação e recompensa. Mas o interessante (quando recordo a incredulidade que eu sentia ao constatar o importantíssimo papel da expectativa do prazer em minha cadela Pastora, ou na fórmula da felicidade que desenvolveremos no próximo capítulo) é que a dopamina, hormônio considerado essencial nos mecanismos de prazer, flui por esses circuitos antecipando-se aos fatos.

Os fluxos de dopamina são ativados com a simples expectativa do prazer, mesmo que ele depois não se materialize. Em outras palavras, têm que ver mais com o desejo que com o próprio prazer. Comprovou-se que determinados fármacos (como os antipsicóticos) que reduzem a quantidade de dopamina reduzem também a busca de estímulos prazerosos sem, entretanto, debilitar a capacidade de desfrutá-los quando eles surgem no caminho da pessoa observada. Em outras palavras, esses fármacos diminuem a intensidade do desejo, mas não a capacidade de experimentar prazer quando este se consuma. Trata-se de uma descoberta crucial, embora seu significado tenha se perdido, até o momento, na superabundância de artigos e ensaios produzidos pela comunidade científica internacional.

Há tempos os neurocientistas sabem que as drogas, a comida, o sexo e outros estímulos que desfrutamos (a expressão artística, por exemplo) provocam bem-estar porque, ao fim e ao cabo, todos esses fatores maximizam os sistemas compensatórios cerebrais. Ninguém mais discute a existência de circuitos neuronais de motivação e recompensa. Esses circuitos especializados se põem de entremeio nos mecanismos do prazer. Os estímulos psicomotores e as substâncias opiáceas (que provocam efeito semelhante ao dos estímulos elétricos em experimentos) ativam nas zonas indicadas tal sistema de recompensa, utilizando neurotransmissores como a dopamina, o glutamato, a serotonina, os hormônios do estresse, as endorfinas (os opiáceos de produção endógena) e substâncias como a cafeína, o etanol ou a nicotina. Portanto o sistema neuronal relacionado aos processos de recompensa, memória e motivação está plenamente operante e vigente desde tempos imemoriais. Ademais, os mecanismos de transmissão são idênticos tanto para as substâncias endógenas quanto para as artificiais.

Pois bem: um belo dia, os humanos descobriram meios artificiais, externos, para ativar esses mecanismos de prazer que eram competência dos circuitos nervosos de motivação e recompensa. No entanto, a imoderação no uso desses meios cria problemas extremamente graves de dependência e toxidade. Quais são as bases biológicas do problema da dependência? A edição da *Science* de 1º de julho de 2005 (que celebra o 125º aniversário da revista) apresenta uma lista das 125 questões mais importantes que a comunidade científica deveria explorar, e uma delas é esclarecer as bases moleculares da dependência: "A dependência implica que se arruinou o circuito cerebral de recompensa e motivação, embora também influam nessa conduta os traços de personalidade, como o caráter impulsivo e a ânsia de experimentar novas sensações".

Neurocientistas como Terry E. Robinson e Kent C. Berridge (professores da Universidade de Michigan) comprovaram que o uso de drogas usurpa (literalmente) o usufruto dos circuitos neurais vinculados à sensação de prazer e aos incentivos da motivação e do aprendizado. Logicamente, esses circuitos evoluíram não para impedir o efeito das drogas, e sim para conferir segurança e propriedades psicológicas de recompensa aos estímulos que se revelavam benéficos para a sobrevivência, como a comida, a água e o sexo. Ora, as drogas "comprometem esses sistemas cerebrais de recompensa tanto ou mais que as substâncias naturais, e identificaram-se neuroadaptações em nível molecular, celular e neuronal induzidas pelas drogas". São essas neuroadaptações induzidas as que desencadeiam o processo de dependência, embora ainda se desconheçam as causas e os detalhes psicológicos concretos que condicionam esse processo.

A exacerbação de algumas condutas nascidas da toxicomania (sobretudo as delituosas) não deixam dúvida de que nem a busca do prazer, nem a dependência gerada, nem os efeitos clínicos da síndrome de abstinência explicam por si sós o uso compulsivo da droga. Quem não conheceu algum canceroso que não conseguiu renunciar ao cigarro? Ou algum cirrótico que continuou bebendo? Quais são os mecanismos concretos que, com base nas neuroadaptações referidas no parágrafo anterior, explicam a dependência? As pesquisas em curso nos darão logo uma resposta; por ora, há um consenso de que a extraordinária plasticidade do cérebro abriga também aquela dependência irrenunciável.

O grau de interconectividade e integração cerebral é talvez maior do que se acreditava. Pelas concepções mais recentes, o sistema de recompensa continuaria tendo fácil acesso ao sofisticado córtex cerebral, pródigo na capacidade de associação e cálculo. Mas, simultaneamente, estão-se descobrindo intricadas conexões entre a parte mais sofisticada do cérebro e aqueles pilares básicos que sustentam a parte mais ancestral. Para pesquisadoras como Anne E. Nelly, os circuitos neurais responsáveis pelo sistema motor, pela tomada de decisões e pelas funções executivas poderiam talvez influenciar os instintos básicos, sem que os sistemas motivacionais deixassem de matizar e marcar emocionalmente (através da memória, tão cara à amígdala) os processos conscientes, desviando-os para caminhos que se mostram turvos à maquinaria consciente.

Trata-se de uma visão um tanto mais benévola que aquela exposta no capítulo 2, pois alarga ligeiramente o caminho para as mensagens do consciente ao inconsciente, ainda que deixe intacta a auto-estrada em sentido contrário, a ponto de configurar algo tão inexplicável como os efeitos catastróficos da dependência. A memória visceral da turma de amigos com os quais se consumiu droga da última vez e a lembrança do prazer então obtido bastariam para fazer o protagonista ter uma recaída. Mas isso não é tudo. As últimas pesquisas evidenciam que – muito antes de termos chegado à terapia genética e entrado na era do controle biológico – a humanidade já alterava sua constituição genética por meio do uso prolongado dos opiáceos. As últimas descobertas revelam que, através da droga, consegue-se não só construir atalhos para a felicidade, mas também alterar o próprio conceito de felicidade e seus mecanismos de busca-recompensa.

Hoje em dia, existem provas de que a administração de opiáceos (tanto de longa como de curta duração) poderia ativar diferentes vias intracelulares que alteram a expressão dos genes. É importante observar que um breve sinal opiáceo agudo pode transformar-se em alterações a longo prazo na transcrição genética, acarretando no genoma uma cascata de mudanças que, por sua vez, poderiam interferir nos mecanismos de desenvolvimento da dependência de opiáceos.

As artes plásticas e a música

Todos os humanos compartilham (em maior grau no caso dos esquizofrênicos e dos depressivos bipolares) um traço biológico cognitivo que é a desinibição. Quanto maior é a desinibição, maior é a criatividade e, por conseguinte, mais desimpedido fica o caminho para a criatividade artística e musical. As artes plásticas e a música, assim como a boa comida, o sexo e as drogas, geram uma sensação de bem-estar. Ouvir e compor boa música é igualmente parte do sistema de motivação e recompensa que garante a sobrevivência pela busca do bem-estar. Talvez compor música seja algo mais misterioso para a grande maioria do que preparar uma bela receita culinária, mas isso não é razão suficiente para, alegando uma suposta espiritualidade da música, tentar apartar daquela primeira atividade a estrutura de circuitos neuronais a que nos referimos ao longo deste capítulo.

As pesquisas mais recentes revelam que a música, ao atuar sobre o sistema nervoso central, eleva os níveis de endorfinas (os já citados opiáceos próprios do cérebro) e de outros neurotransmissores, como a dopamina, a acetilcolina e a oxitocina. Descobriu-se que as endorfinas dão motivação e energia para a vida, produzem alegria e otimismo, diminuem a dor, contribuem para a sensação de bem-estar e estimulam os sentimentos de gratidão e satisfação existencial.

No Addiction Research Center da Universidade Stanford, o farmacologista e neurobiólogo Avram Goldstein comprovou que metade das pessoas estudadas sentia euforia ao ouvir música. As substâncias químicas sanativas geradas pela alegria e pela riqueza emocional da música capacitam o corpo a produzir seus próprios anestésicos e melhorar a atividade imunológica. Goldstein formulou a teoria de que "as emoções musicais" (a euforia produzida pela audição desta ou daquela música) eram conseqüência da liberação de endorfinas pela glândula pituitária, ou seja, eram fruto da atividade elétrica que se propaga numa região do cérebro conectada com os centros de controle do sistema límbico e do sistema autônomo.

Mais recentemente, o *Journal of the American Medical Association* publicou os resultados de um estudo de musicoterapia realizado em 1996 em Austin (Texas). O estímulo musical aumenta a liberação de endorfinas e diminui a necessidade de medicamentos. "Também é um meio para distrair-se da dor e aliviar a ansiedade", explicou um dos pesquisadores. Num estudo publicado em 2001 por Anne J. Blood, da Universidade MacGill (Montreal), e Robert J. Zatorre, da Universidade Washington (Saint Louis), a tomografia por emissão de pósitrons (PET) demonstra que as reações prazerosas à música se correlacionam à atividade das regiões do cérebro envolvidas nos mecanismos de recompensa e emoção. Entre essas regiões, incluem-se as amígdalas, o córtex pré-frontal, o córtex orbitofrontal e outras estruturas que também se ativam em resposta a outros estímulos indutores de euforia, como a comida, o sexo e as drogas. O estudo de Blood e Zatorre faz pensar que a música alicia tanto sistemas neuronais similares aos que respondem especificamente aos estímulos biologicamente cruciais, relacionados com a sobrevivência (como o sexo e a comida), quanto outros que se ativam artificialmente por meio de drogas. De acordo com aqueles pesquisadores, a ativação desses sistemas cerebrais pela música poderia representar uma característica emergente na complexa cognição humana. A capacidade de induzir ao prazer intenso e à estimulação de sistemas endógenos de recompensa indica que a música, embora não seja estritamente necessária à sobrevivência da espécie humana, constitui um benefício significativo para nosso bem-estar físico e mental.

Contudo, ao longo dos séculos, atribuiu-se à arte uma dimensão especial – espiritual e cultural – que, de alguma maneira, a distinguiria dos atalhos mais prosaicos para a felicidade, estes relacionados principalmente ao sistema sensorial. As "belas-artes" despertariam reações afetivas positivas, por descreverem as sensações prazerosas ou até euforizantes que a arte provoca diante de reações meramente sensoriais.

Alguns detratores das possíveis qualidades extra-sensoriais da música não conseguem aplacar a maioria que se inclina reverentemente para a arte. Por exemplo, o que pretende o grande neurocientista Steven Pinker (professor de psicologia na Universidade Harvard) ao afirmar que "o efeito direto da música é, simplesmente, gerar prazer sem sentido"? Claro, a música é como a comida, o sexo ou as drogas. Provavelmente, Pinker tem dificuldade em admitir (pelo que isto coloca em dúvida a sua tese de que a fala constitui uma qualidade inata dos humanos) que a música tenha precedido as palavras como meio de comunicação nos tempos primordiais. Para ele, a música é um feliz acidente, produto de mecanismos mentais que não foram previstos para esse fim. Mas a que emoções apelam a arte e a música? Por que elas, para além de seu valor intrínseco (às vezes difícil de avaliar), atuam como ímã sobre os seres humanos? A qual função biológica pode atender nossa misteriosa atração pela arte? Apesar dos fatores culturais que influem sobre a arte, será que poderiam existir leis universais que estruturassem todas as experiências artísticas?

Até poucos anos atrás, as perguntas em torno da filosofia da arte não pretendiam achar respostas científicas, em parte porque não existiam os meios para comprovar as reações cerebrais aos estímulos artísticos. As possíveis respostas da ciência também não pareciam ser de muito interesse em face de um mundo artístico que parecia mágico, quase religioso. A arte comovia as mentes, agitava o espírito, alegrava os ânimos deprimidos. A arte "funcionava", e isso já bastava. Mas, atualmente, desenvolvem-se importantes pesquisas sobre o efeito da arte no cérebro, como aquelas mencionadas nos parágrafos anteriores, e já se dispõe de dados científicos que podem contrapor-se às teorias clássicas da arte aventadas até hoje. Aqui, sugerimos que a arte e a música eram parte da "busca de amparo" do homem primitivo, o qual, pasmado pela angústia do medo, buscava respostas na religião, na arte e na organização política. Trata-se de uma busca intermediada pelo sistema límbico para mitigar as dificuldades da sobrevivência. É uma concepção biológica ou cerebral. Existem outras interpretações, complementares, do papel da arte na psique humana; no amálgama que se forma com todas essas interpretações e nos mistérios para os quais a ciência dará resposta no futuro, encontraremos possivelmente o segredo do efeito da arte sobre os seres humanos.

Sabemos, por exemplo, que a música é um meio primevo de expressão que serve para comunicar. Precede a fala e era utilizada pelos grupos de hominídeos quando eles ainda não sabiam vocalizar. É essa a tese de Steven Mithen (professor de pré-história na Universidade de Reading, Inglaterra), baseada no estudo dos fósseis, da pré-história do cérebro e da linguagem das crianças, mais musical que a nossa. Essa linguagem serve também para extravasar as emoções. Segundo as teses de Robin Dunbar (pesquisador de psicologia evolutiva e ecologia do comportamento na Universidade de Liverpool), a música é um meio de comunicação que ajuda a mitigar o sentimento de solidão e reforça a coesão social. Byron o expressava de outra forma, dizendo que a poesia é “a lava da imaginação cuja erupção evita o vulcão”. Outros afirmam que a música é o resultado da seleção sexual: o artista utiliza suas habilidades específicas no campo da arte para convencer a parceira da altíssima qualidade dos genes dele. É uma visão (expressa por pesquisadores como Geoffrey Miller, professor de psicologia na Universidade do Novo México) excessivamente darwinista, mas não está em conflito com as anteriores.

São todas parte das respostas socioculturais e filosóficas. Busquemos outra vez dados científicos que avalizem ou desmintam as explicações psicológicas e sociológicas do inegável impacto da arte e da música no sentir humano. Atravessemos a fronteira do visível e examinemos de novo as reações de nosso cérebro quando nós, como receptores ou como criadores, estamos imersos num ato criativo. Semir Zeki utilizou a técnica das imagens por ressonância magnética funcional para achar a resposta. Ele comprovou que as pessoas às quais mostrava quadros que consideravam bonitos ativavam com força certas partes do cérebro. Ao aplicar a mesma técnica a pessoas criativas, Zeki demonstrou que elas tendiam a certas respostas de atividade cerebral típicas. Ademais, as análises genéticas posteriores dessas pessoas revelaram-se semelhantes nas áreas pertinentes do genoma humano, sugerindo que algo tão ligado à cultura como a arte provavelmente está relacionado não só ao meio, mas também à genética. Por conseguinte, existiria já uma predisposição para o deleite artístico, situada no cérebro e nos genes.

Estamos sentados numa poltrona de teatro em frente ao palco onde se representará *O lago dos cisnes*. A cortina está a ponto de levantar-se. Nem todo o mundo tem a mesma capacidade para desfrutar o espetáculo, nem todos os intérpretes possuem a mesma capacidade de nos emocionar. Para saber por que alguns intérpretes nos comovem ao passo que outros nos deixam indiferentes, o coreógrafo Ivar Hagendoorn estudou o efeito da dança sobre o espectador. Partindo da premissa de que os seres humanos têm sensibilidade especial para reconhecer os movimentos humanos e levando em conta que eles conseguirão imaginar um movimento anatomicamente praticável quando lhes são mostradas duas posições corporais, Hagendoorn chegou à conclusão de que se trata de uma capacidade que reside não só no sistema motor, mas também no sistema perceptivo. Contemplar a foto de um objeto ou de um ser humano em movimento ativa as áreas do cérebro que regem os comportamentos motores. Contemplar receptivamente um espetáculo de dança faz a mente mergulhar em sensações motoras, como as que pode experimentar quem mergulha na imaginação visual. "Assim, quando vemos dançar, já estamos dançando", afirma Hagendoorn. "Isso explicaria por que ver dançar cria freqüentemente a necessidade de dançar." As sensações motoras possibilitam que vivenciemos mentalmente o movimento, sem mover o corpo, superando assim, magicamente, as limitações de nossa anatomia.

Desde o início do livro, insisti em que um dos princípios mais importantes da felicidade são os sentimentos de competência e de autonomia. Ora, os indivíduos capazes de desfrutar a arte consumam a experiência de superar as próprias limitações, físicas (no caso da dança) ou quaisquer outras, conforme a disciplina artística. Um milagre que, em parte, explica a aura mágica que envolve a arte. Uma possibilidade simples, que não exige máquina do tempo nem artefato futurista nenhum para nos transportar, fugazmente, ao lugar onde sempre quisemos estar. Dançar no Bolshoi, contemplar o mar tempestuoso a bordo de um barco de Turner, acariciar as curvas da *Maja desnuda* ou descansar nas praias ensolaradas de um Sorolla* é uma forma de distanciar-se das próprias limitações, de viajar para a felicidade, podendo regressar sem perigo e sem efeitos colaterais.

As drogas prometem algo muito parecido, mas seus efeitos não são tão facilmente controláveis. Às vezes, a viagem prazerosa à felicidade se torna ameaçadora e perigosa, quando não mortal. E os efeitos colaterais são temíveis. Muitas drogas (talvez todas, em maior ou menor grau) criam dependência e tolerância, obrigando-nos a ingerir regularmente quantidades cada vez maiores da substância para obter os mesmos efeitos. E, quase com certeza, elas fazem nosso cérebro deteriorar-se de maneira irreversível.

* O espanhol Joaquín Sorolla (1863-1923) é autor de telas que representam um Mediterrâneo maravilhosamente luminoso e colorido. (N. T.)

O EFEITO DE MÁXIMA MUDANÇA

Como já assinalamos, as drogas atuam superestimulando os circuitos neuronais. A arte também. E não só pela ativação dos circuitos de recompensa. Vilayanur S. Ramachandran, diretor do Center for Brain and Cognition da Universidade da Califórnia (*campus* de San Diego), desenvolveu uma teoria da arte que, de forma pioneira, baseia-se nos novos conhecimentos neurológicos. Ele e seu colega William Hirstein propõem uma lista de oito leis universais da experiência artística, da qual eu gostaria de destacar uma: o fenômeno psicológico do *peak shift effect*, ou efeito de máxima mudança. Em resumo, trata-se de uma exacerbação de traços que atua poderosamente sobre a mente, contribuindo para que a percepção se intensifique. Como exemplos, basta citar as formas anatômicas exageradas das mulheres na arte indiana, nos gibis ou nos videogames – para nem falar de um modelo de bonecas que continua batendo recordes de popularidade e resistindo à passagem das décadas e das modas. O sistema visual reconhece de imediato esses traços, e, com a exacerbação, reage de forma mais intensa que a habitual.

O "efeito de máxima mudança" é um princípio conhecido que rege o processo de discriminação no aprendizado dos animais. Por exemplo, quando ensinam um rato a distinguir um quadrado de um retângulo e o premiam ao identificar o retângulo, ele aprende muito depressa a reagir aos quadrados. Mais: quando o adestram com um protótipo de retângulo de determinada proporção, o rato reage ainda mais positivamente ao lhe mostrarem uma figura ainda mais estreita e comprida.

Esse curioso resultado implica que, na realidade, o que o rato aprende a avaliar não é o retângulo em si, mas uma norma: no caso, que os retângulos são melhores que os quadrados. Quanto maior for a proporção entre os lados mais curtos e os mais longos (isto é, quanto menor for o aspecto de quadrado), "melhor" o retângulo parecerá ao rato.

É o *peak shift effect* em ação. Ramachandran sugere que esse princípio é a chave para entender o poder evocativo da arte visual. O artista tenta não só captar a essência de algo, mas também exacerbá-la para ativar mais intensamente do que o objeto original os mecanismos neurológicos.

Nos últimos tempos, a ciência começou a descobrir as razões do impacto da arte na psique humana. Até agora, tudo eram teorias acerca da importância da arte como fator liberador, comunicador, estimulante... As primeiras explicações lógicas reforçam as intuições: a arte atua como potente estimulador mental. Não apenas porque ativa circuitos de estímulo e recompensa, mas também porque consegue, por um lado, prender e excitar nossa atenção e, por outro, libertar-nos de nossas amarras – anatômicas, geográficas ou psíquicas. A química entre a arte e o receptor varia muito, mas pode ser muito potente, tanto quanto uma droga, sem contudo os efeitos perniciosos desta. A arte altera nossa consciência, ajuda-nos a superar a realidade e tocar, fugaz e obliquamente, o céu da felicidade.

Os mecanismos descritos permaneceram inalteráveis durante milênios. Os circuitos neuronais que têm regido o prazer e a felicidade são os mesmos. Mas e os resultados? Por certo, poderia parecer que nada mudou no curto espaço de quarenta anos. Em Londres, já não se vêem lanchonetes da rede Lyons, que nos anos 1960 estavam em todas as esquinas. Mas o *fish and chips* dos pobres continua presente em qualquer *pub* ou restaurante, embora seja hoje um prato de luxo. Algum cientista consegue demonstrar, com provas efetivas, que os londrinos são agora menos felizes que então? Duvido, apesar das bombas dos terroristas. Tampouco creio que se possa demonstrar isso. No entanto, algo de fundamental mudou. Não se consegue tocá-lo, menos ainda vê-lo no rosto das pessoas.

Trata-se de algo intangível, oculto no sistema nervoso central, particularmente na parte mais ancestral. No começo deste capítulo, aventávamos que as perguntas que os cidadãos das cidades-dormitórios formulam antes de dormir haviam mudado. No que se refere aos circuitos do sistema de recompensa do sistema límbico, o que mudou foi, obviamente, a magnitude do prêmio. Hoje, as recompensas são prodigiosas se comparadas à modesta dimensão dos prêmios de outrora: comer, copular, estar mais seguro na toca – em resumo, sentir-se bem. Na atualidade, ao contrário, os desafios que garantem a sobrevivência podem ser impossíveis de mensurar, sendo exemplos a defesa das liberdades individuais – em cuja ausência se estabelece o exercício perverso do poder político – ou, no extremo oposto, a entrada imediata no paraíso – recompensa superdimensionada para o ato de plantar uma bomba; ganhar as próximas eleições; mudar de país; chegar à Lua; "Que os americanos percam tudo"; "Que os 2 bilhões de chineses não invadam os mercados internacionais"; substituir o sistema imunológico, que a partir dos cinqüenta anos, quando aparecem as doenças degenerativas como o Alzheimer, pendura o aviso de "Fechado".

Se a seleção natural requer estímulos adequados para alcançar objetivos tão estrambóticos como esses citados, não seria de estranhar que os milenares mecanismos do prazer e da felicidade não bastassem. Temos objetivos grandiosos e radicalmente novos dos quais, supostamente, depende nossa felicidade; todavia, os mecanismos neuronais de recompensa continuam sendo os mesmos de sempre, enfocados em objetivos de sobrevivência tão banais quanto a comida, o sexo ou a repugnância.

No meio do conjunto formado pelas grandes descobertas científicas, eu gostaria de concentrar-me numa pequena gema. Um dos últimos legados de Francis Crick, pouco antes de sua morte, se deu quando ele (talvez enfastiado pela glória de ter descoberto com James Watson a estrutura do DNA, a molécula que anunciava o "segredo da vida") voltou sua atenção para o estudo da consciência. Crick intuía o gritante vazio nas tarefas de manutenção dos humanos depois de ter contribuído como poucos para esclarecer os mecanismos genéticos do investimento mais absorvente, aquele que consumia mais recursos: a reprodução. Além disso, Crick tinha em seu esnobismo inglês um senso de humor arraigado, fator que – por mérito próprio, sem demonstração necessária e sem que seja depreendido de nada do oposto – deveria figurar na fórmula da felicidade do próximo capítulo.

"Sinto muito pela interrupção", disse um cientista (em cujo laboratório se encontrava um amigo meu) após ter ficado dez minutos pendurado ao telefone. "Era Francis Crick."

"Aconteceu alguma coisa com ele?", perguntou meu amigo, ciente da enfermidade e da idade avançada de Crick.

"Ele está furioso porque o editor lhe devolveu um manuscrito, alegando que ninguém o entenderia e dizendo que voltasse a redigi-lo depois de ter falado com gente comum, das ruas. Sabe o que Crick me perguntou?"

"Nem imagino", respondeu meu amigo.

"Se eu conhecia gente das ruas!"

A busca da consciência levou Francis Crick a estudar os sonhos e descobrir a aprendizagem reversa. Na fase REM do sono (embora não somente nela), produz-se um espetáculo fascinante. O hipotálamo armazenou as experiências acumuladas durante o dia e se dispõe a transferi-las para o sistema que gerencia as emoções, para que este lhes dê sua marca inconfundível, antes de comunicá-las (em forma de memória) ao cérebro consciente, mais evoluído. Nesse tráfego, o cérebro aproveita para depurar a informação. Só pode conservar o que é realmente importante, mas, para isso, precisa ser capaz de jogar fora tudo o que não tem sentido. Descartar tanto o irrisório quanto o produto de associações infundadas garante que só se arquivará o indispensável para o futuro. É a aprendizagem reversa, que o cérebro realiza gratuitamente, por conta própria, todas as noites. E aí termina tudo, infelizmente.

Por que infelizmente? Porque, quando estamos despertos, nada nem ninguém completa essas tarefas de desaprendizado. Na vida consciente, os indivíduos e as instituições só fazem abarrotar o cérebro ao aprender. Nem nos lares, nem nas escolas, nem nas universidades se ensina a desaprender o acúmulo incalculável de associações infundadas e versões descabidas do que está acontecendo. Por isso, uma visão objetiva dos afazeres cotidianos leva à conclusão de que o que seria necessário aprender é insignificante se comparado a tudo o que se deveria esquecer e apagar da memória. Essa labuta descomunal cabe unicamente à fase REM do sono. Mas o hipotálamo, a amígdala e o neocórtex já têm trabalho suficiente administrando o lixo do vizinho, que poderia ser ameaçador, ou, ao contrário, arquivando outro lixo, pleno de desejos, de quem poderia ser o parceiro adequado para reproduzir-se e perpetuar-se.

Espontaneamente, por si mesmo, é muito difícil que o cérebro jogue fora os sermões repletos de associações infundadas entre a miséria de uns e a riqueza de outros; entre um paraíso com oitenta virgens e a violência assassina; entre o local de residência e o grau de inteligência; entre uma estrela cadente e a ação divina. Parece óbvio que seria preciso completar os circuitos neuronais que no sono são ativados com um objetivo muito preciso, um trabalho consciente e sistemático de desaprendizado individual. Mais: em vez do necessário trabalho de esclarecimento, implementam-se campanhas de lavagem cerebral coletiva para aprofundar mais, e não menos, as associações infundadas.

Capítulo 8

A fórmula da felicidade

Estamos chegando ao porto. Nas páginas precedentes, refletimos para poder abordar a tarefa de reduzir tantas idéias a uma fórmula simples. As virtudes de uma fórmula matemática que sintetize o mapa da situação sem prejuízos à realidade são evidentes. De fato, não existe desafio mais atraente que o de resumir numa pincelada toda a inabarcável riqueza da informação na qual estamos submersos. Aliás, nem só os matemáticos recorrem a fórmulas para fazer-se entender. Todas as expressões – um quadro, uma frase, uma foto, um gesto – são síntese de algo muito mais bagunçado e confuso. Somos capazes de nos comunicar justamente porque – às vezes – sabemos criar representações que nos libertam da enxurrada de informação e emoções que inundam um conceito.

Para canalizar esse processo em direção à fórmula da felicidade, sugiro ao leitor que dividamos o caminho em três etapas. Na primeira, tentaremos (como dizia Bourguiba, o falecido presidente da Tunísia) distinguir entre o importante e o essencial. Não é tarefa fácil, e nela os hominídeos quebram a cara inúmeras vezes ao dia. "Por que fulano perde tempo com uma coisa que não faz nenhuma diferença para ele?", dizem as pessoas. Ou, pior ainda: "Entendo que a perda do emprego o esteja angustiando, mas o álcool vai acabar com a vida dele". Em primeiro lugar, portanto, escolheremos o essencial na viagem à felicidade. Em seguida, agruparemos pelas características básicas as idéias-chave dispersas ao longo do texto. Algumas são cruciais para aumentar a felicidade; outras, embora resplandecentes, devem ser evitadas como a pior das ameaças. Quanto à fórmula, bastará (no momento oportuno) colocar no numerador as idéias que têm incidência positiva sobre o resultado final e no denominador as que dividem, diminuem ou contaminam.

Distinguir entre o importante e o essencial

Uma vez, enquanto admirava os últimos avanços na técnica de ultra-sonografia fetal em 3D do ginecologista Stuart Campbell (o pioneiro dos recursos que possibilitam visualizar o embrião), na clínica dele em Londres, exclamei, sem intenção de obter resposta:

"Que coisa mais chata ficar nove meses preso na barriga da mãe, banhado em líquido amniótico, sem respirar!"

"Aí é que você se engana", respondeu de imediato o dr. Campbell. "Fora dali, a gente nunca voltará a ser tão feliz. No útero, o feto está num ambiente agradável, protegido da luz e do ruído; ouve os sons da mãe e as batidas do próprio coração. Está muito à vontade lá."

Isso é a plena verdade, como demonstram os primeiros sorrisos e brincadeiras do embrião, que nunca tem fome porque a placenta lhe proporciona os nutrientes da mãe (sempre, é claro, que ele se alimenta devidamente, como Robert Sapolsky nos lembrava no capítulo 6). Após nove meses de felicidade, as endorfinas da gestante garantem a alegria dos nascimentos.

Essa alegria, porém, não consegue mascarar o volumoso investimento que a perpetuação da espécie exige dos hominídeos. Nascemos com um déficit biológico de manutenção que depois vai se revelando ao longo da vida, à medida que o desgaste das células (provocado por uma atividade frenética e concentrada em tão poucos anos) esgota os escassos recursos previstos para regenerá-las. A lógica da evolução consiste em não destinar mais recursos que os estritamente necessários à manutenção de um organismo que não sobreviveria além dos trinta anos e se destinava basicamente a reproduzir-se.

Quase sem saber por quê, mas graças sobretudo a algumas idéias elementares de higiene (que foi preciso impor a cacetadas ao cérebro inerte) e à descoberta dos antibióticos, essa espécie se vê agora com quarenta anos extras de vida, mas com recursos de manutenção calculados para um período que não chega à metade do atual. É óbvio que a consecução da felicidade exige reduzir drasticamente os recursos destinados à perpetuação da espécie e aumentar concomitantemente os destinados às tarefas de manutenção.

Ter número menor de filhos e demonstrar mais cuidados com os poucos que se criam. Fazer grandes desembolsos na melhora da qualidade de vida, em especial durante os quarenta anos extras, que ainda se esticam continuamente. Redestinar para gastos de manutenção preventiva os investimentos agressivos à vida e ao meio ambiente. O crescente peso dos bens intangíveis (capital intelectual) no produto interno bruto deveria encontrar seu reflexo no reforço dos valores também intangíveis. Personalização das ofertas educacionais, médicas e farmacológicas segundo a variabilidade neuronal e genética dos indivíduos... Priorização da pesquisa em que se fundamenta o conhecimento científico, e não o conhecimento herdado geneticamente, aprendido ou revelado, o que implica basear os apoios assistenciais nos princípios do antigo médico de família: atenção freqüente, integral e individualizada...

A lista é interminável e poderia estender-se até a minúcia de optar entre suprimir um ponto de umidade na parede do corredor ou investir em torneiras novas para a banheira, mesmo quando uma coisa não esteja relacionada com a outra. Proporei não uma receita para cada destinação possível de recursos, e sim a idéia de que a soma das opções reflete em sua distribuição a prioridade dos gastos de manutenção indispensáveis às sociedades modernas.

O austríaco Wolfgang Pauli foi um dos físicos teóricos mais prodigiosos. O princípio de exclusão, segundo o qual dois férmions (partículas das quais são exemplo os elétrons, quarks, prótons, nêutrons e neutrinos) não podem ocupar simultaneamente o mesmo estado quântico, chama-se princípio de Pauli. No mais, Pauli era extremamente emotivo. Jeremy Bernstein, outro físico e grande divulgador, conta em seu livro *The life it brings: one physicist's beginnings* o seguinte episódio: Pauli acabava de dar uma conferência numa sala abarrotada de prêmios Nobel correntes e futuros, entre eles Niels Bohr, da Universidade Columbia. (Foi certamente na estréia nova-iorquina de uma peça dedicada aos recônditos dos debates, não só acadêmicos, entre Bohr e Heisenberg, que lembrei a história em questão, uma história que meus sonhos – de forma totalmente injustificada – haviam deixado na cesta das lembranças irrisórias.) Concluída a explanação de Pauli, Bohr interveio para dizer que toda teoria verdadeiramente nova tinha de ser disparatada e que a apresentada ali por Pauli era estrambótica, mas não suficientemente disparatada.

"Você está enganado", acrescentou de imediato o mestre. "Minha teoria é absolutamente doida."

"Não, não o suficiente", rebateu Bohr.

"É, sim!", repetia Pauli, olhando o auditório de uma das pontas da mesa.

"Não, não é suficientemente disparatada!", respondia Bohr da outra ponta, dirigindo-se também ao público, que acompanhava incrédulo o espetáculo.

Toda vez que reflito sobre as emoções, lembro-me daquela cena. Pauli e Bohr eram dois dos grandes sábios do mundo moderno e compartilhavam um mesmo instinto básico: eram capazes de exaltar-se, de emocionar-se. Esse rodeio pela memória vem ao caso para chegarmos a uma das conclusões mais óbvias de *Viagem para a felicidade*: no início e no final de um trajeto, sempre há uma emoção, porque do contrário ele não seria um projeto. Pauli morreria de câncer poucos meses após ter defendido que sua teoria era fruto tanto da razão como do coração. Por conseguinte, convém deitar fora todo o pensamento aristotélico que, insistindo na irracionalidade e na perversidade das emoções, infesta a cultura ocidental. As seqüelas desse pensamento no cotidiano das pessoas são inumeráveis.

Não saber controlar as próprias emoções é tão contraproducente quanto não tê-las. É sensato desconfiar de qualquer projeto que não parta de uma emoção. Por mais que digam o contrário, não há decisão final sobre nenhum assunto que não esteja matizada por uma emoção. É melhor rir, ou até chorar, quando o chefe, impávido, sustenta que a decisão que ele acaba de tomar é totalmente objetiva e exclusivamente fundamentada na razão. Se assim fosse, a infinidade de dados e argumentos em um e outro sentido o teriam impedido no último segundo de tomar enfim uma posição. A presença das emoções na decisão final, e não só no intento inicial, leva hoje os especialistas em robótica a tentarem conferir emoções a seus aparatos, para que estes consigam tomar decisões como uma pessoa.

Eu gostaria de assinalar uma última idéia sobre esse tema importantíssimo. A soma de emoções individuais é igual a uma emoção grupal, que, entretanto, é totalmente distinta. Os mecanismos neuronais de motivação e recompensa individuais já estavam perfeitamente estabelecidos e consolidados quando, há uns 10 mil anos, os hominídeos se agruparam em comunidades agrícolas. Da perspectiva do tempo geológico, as emoções grupais são emoções "fora do comum", "extraordinárias", ao contrário do que ocorre nos superorganismos formados pelos insetos sociais. Portanto não é provável que o assentamento biológico dessas emoções nos humanos tenha tido tempo de evoluir em função da seleção natural. Enquanto isso não acontece, os indivíduos que compõem a coletividade exigem tanto um espaço reservado para seus próprios direitos em relação aos do superorganismo quanto uma conduta exemplar, solidária e responsável que justifique a confiança dos administrados nos dirigentes. Sem esse compromisso, o mais lógico é que a decisão grupal, imprevisível por natureza, choque-se frontalmente com os interesses individuais. Mais: parece provável que a recusa a condicionar todos os interesses individuais aos do grupo tenha impedido a consolidação de superorganismos humanos como aqueles dos insetos sociais.

Parte da angústia causada pelo impacto de fenômenos como o consumismo nos índices de felicidade das sociedades extremamente competitivas de hoje provém da resistência a reconhecer que os interesses da sociedade vão para um lado (a acumulação de riqueza e a multiplicação de postos de trabalho, ambos objetivos legítimos) e os do indivíduo para outro (a busca igualmente legítima do bem-estar e da felicidade pessoal). A experiência aberrante dos poucos superorganismos que (na forma, sobretudo, de seitas ideológicas e religiosas) conseguiram prosperar, quase sempre à base das manipulaçõesmentais e da programação de associações infundadas, não pressagia nada de bom para o exercício das emoções grupais. Enquanto as emoções individuais ativam os mecanismos voltados para garantir a sobrevivência, as grupais ou coletivas vão em sentido contrário – ou seguem sem sentido. Podemos tranqüilamente prever que, à medida que se avançar para um governo planetário, será necessário articular um processo básico e elementar de revalidação democrática. De fato, a legitimação ou ilegitimação das decisões grupais em escala planetária impregnará a vida social e política do século XXI.

Outra das jóias da coroa da felicidade é depreendida do experimento de Martin Seligman sobre o colapso do sistema imunológico dos ratos, experimento que se realizou nos anos 1960 e ao qual já me referi no capítulo 4. O leitor lembrará que aos ratos não se dava nenhuma opção de controlar ou mesmo imaginar o que lhes estava acontecendo (naquele experimento, descargas elétricas aleatórias). Não controlar os acontecimentos irrita sobremaneira o cérebro e o faz mergulhar na depressão. Pois bem: controlar total ou parcialmente a situação implica uma série de pré-requisitos que as pessoas tendem a esquecer.

É preciso ter alcançado certos níveis de competência na tarefa que se pretende controlar. No experimento de Seligman, salvou-se apenas o rato que dispunha de uma alavanca para interromper as descargas elétricas, pois ele aprendera a manejá-la. Esse rato também demonstrava certa auto-estima, que o induzia a acreditar que estava em suas mãos libertar-se daquela tortura inexplicável. Apesar das duríssimas condições do experimento, o rato se salvou graças à capacidade de imaginar situações diferenciadas e felizes, à busca constante de soluções, à intensidade com que vivia a expectativa de que, acionando a alavanca, obteria o prêmio da interrupção do choque elétrico.

Não sabemos (é provável que nem o próprio Seligman se lembre disto) se o rato ativava seus recursos porque os assistentes de laboratório o estavam contemplando. Nesse sentido, o cientista britânico Walter Gratzer descreve um famoso experimento realizado em Nova York com gatos, os quais eram encerrados numa jaula dotada de tranca vertical. Tratava-se de descobrir o mecanismo de abertura. O surpreendente foi que, tendo aprendido a desbloquear a porta, os gatos, imediatamente antes de fazê-lo, realizavam um ritual de gestos, como esfregar a cabeça contra uma das paredes de vidro e outros movimentos sinuosos muito felinos. Ninguém sabia explicar as razões disso, até que os assistentes de laboratório descobriram que os gatos só se entregavam ao ritual se houvesse alguém presente. Era a maneira felina de saudar o pessoal. Eis algo que intuímos no caso do rato, descobrimos recentemente no caso do gato e sabemos com certeza no caso dos humanos: a ativação dos processos da imaginação – da busca de soluções e de controle – implica inter-relação. Quando ninguém estava olhando, os gatos cochilavam na jaula sem sequer procurar a saída.

Os diferentes fatores da felicidade

Chegou o momento de nos determos (como eu sugeria no começo do capítulo) na segunda etapa do caminho para achar a fórmula da felicidade. Trata-se agora de agrupar por categorias homogêneas os fatores relevantes. Na primeira lista, incluiremos os fatores nitidamente redutores do bem-estar, sob a epígrafe *R*. No segundo grupo, sob a denominação *C*, figurará a carga herdada (a melhor e, com freqüência, a única coisa que se pode fazer com esse tipo de variável é estar consciente de sua presença). Por último, sob a epígrafe *S*, alude-se ao resto dos fatores fundamentalmente significativos.

Afora os fatores considerados mais significativos, há uma série de condutas que, à luz do que vimos até agora, o autor e a maioria de seus leitores dão como favas contadas. São comportamentos de natureza tão primária e tão pouco discutível que nem deveria ser necessário representá-los na fórmula da felicidade. Refiro-me, obviamente, ao que no parágrafo anterior se agrupou sob o título de fatores redutores (*R*). Continua sendo verdade que, sem tê-los assimilado, será inútil aprofundar-se no resto do processo da fórmula. Em outras palavras, aqui se dá por fato indiscutível que só aqueles que tenham aceitado previamente as sugestões arroladas a seguir podem levar a cabo o intento de sintetizar a fórmula da felicidade:

Fatores redutores do bem-estar (R)

1. Desaprender a maior parte das coisas que nos ensinaram é muito mais importante do que aprender. Não tem nenhum sentido deixar nas mãos da fase inconsciente dos sonhos o trabalho de depurar da experiência cotidiana tudo o que é infundado ou irrisório. Todavia, não existe nenhum processo paralelo que seja consciente e contínuo. O pesado fardo do pensamento e das convicções que não foram submetidos à análise da experimentação e da demonstração é inversamente proporcional aos índices de felicidade.
2. Devem-se filtrar escrupulosamente todas as instruções inspiradas na memória grupal. Embora alguns especialistas atribuam também esta à memória primordial que se situa na amígdala, o comportamento mais recente dos grupos inspirados na memória grupal denuncia a presença tanto de armadilhas letais como de associações infundadas.
3. Não é preciso coordenar o que já se coordena por si mesmo, a começar pelos átomos, moléculas e células, todos os quais se auto-organizam em sistemas ordenados. A história da civilização é a história da progressiva automatização de processos. É completamente absurdo pretender que os recursos destinados à gestão dos processos conscientes e discricionários (só uns 5% do total) devam também ser utilizados para interferir na gestão dos processos automatizados ou automatizáveis.
4. Da mesma maneira que a beleza é a ausência de dor, a felicidade é, primordialmente, a ausência de medo. Isso supõe que, ao final de qualquer processo, em vez de agir-

mos às cegas movidos pela emoção básica do medo, essa emoção tenha se canalizado para o aperfeiçoamento das competências próprias e o aprofundamento das relações interpessoais, a fim de garantir a sobrevivência.

Como diriam os franceses, *ça va de soi* – "É coisa óbvia, nem carece de explicação". Os quatro fatores redutores citados antecedem toda e qualquer abordagem sobre os índices da felicidade. Seria inútil entrar nos detalhes da fórmula seguinte sem tê-los como aprendidos. Lamentavelmente, o sentimento de insatisfação gerado por muitas receitas pormenorizadas de auto-ajuda se origina do fato de que elas são formuladas sem levar em conta esses fatores redutores. É evidente que muito poucas das receitas (ou nenhuma delas) surtirão efeitos sem a vontade de desaprender, de questionar as instruções grupais, de não interferir com o que já funciona e, por fim, de fazer o necessário para que o medo seja estímulo positivo, e não motivo de agonia. Resolvida essa questão, já podemos aprofundar-nos na segunda escala da estrada para a felicidade. Trata-se agora de destinar às outras epígrafes os respectivos fatores relevantes.

A carga herdada na busca da felicidade (C)

1. Todos somos mutantes, embora alguns mais que outros. Cada embrião gera entre três e quatro mutações exclusivas que se dão em detrimento de sua saúde. Dentre as outras aproximadamente trezentas mutações à saúde que ocorrem num indivíduo (estas herdadas), o embrião fica com algumas que podem dificultar seus mecanismos de bem-estar.

É uma carga cuja compensação, na melhor das hipóteses, desvia recursos de outras funções necessárias.

2. O desgaste dos materiais (tal qual na indústria de bens duráveis) é inevitável. Na hora de compensar esse desgaste, vemos que, assim como ocorre na obsolescência programada dos veículos e eletrodomésticos, as coisas se diferenciam segundo cada organismo, o que também exige uma diferenciação individual nas capacidades regenerativas.
3. Uma variedade não-programada do desgaste de materiais é o envelhecimento. Não estamos programados para morrer – no sentido de que nenhum gene e nenhum mecanismo genético tem a função de interromper em determinado momento os processos vitais. O combate ao envelhecimento depende da capacidade de evitar os milhares de agressões que as células suportam diariamente e reforçar os mecanismos de regeneração delas. A fim de neutralizar a correlação positiva que atualmente existe entre a idade e o risco de falecimento por unidade de tempo, será necessário despender imensos recursos financeiros para aplicar as tecnologias (ainda em fase de pesquisa) destinadas a, numa primeira etapa, eliminar o acúmulo de mutações nocivas nos cromossomos e mitocôndrias.
4. Para todos os fins e efeitos, o exercício perverso do poder é uma carga herdada, porque se trata de um fato cultural e porque os ritmos das mudanças culturais são extremamente lentos em relação a outras mudanças, como as de ordem técnica e até social. Os mais recentes levantamentos sobre os índices de felicidade destacam que eles são influenciados de maneira muito significativa pela persistência de sistemas democráticos ou pela presença de governos corruptos. A

médio prazo, é claro, a relevância desse fator nos níveis de bem-estar acabará condicionando todos os programas internacionais de cooperação e ajuda.

5. A diferença entre os humanos e os outros animais é que aos primeiros basta imaginar uma situação de estresse para que eles desencadeiem suas emoções básicas e sua seqüela de fluxos hormonais. Para aumentarem seus níveis de ansiedade, os hominídeos não precisam enfrentar um perigo real – já é suficiente que o imaginem. Nesse sentido, têm razão os neurocientistas quando lembram que a mente influi sobre o metabolismo das pessoas – e os ginecologistas, quando constatam que os embriões que riem na barriga da mãe costumam sorrir ao nascer, diferentemente dos mais taciturnos.

Fatores significativos nos índices de felicidade (S)

Conta-se que, certa vez, o famoso matemático G. H. Hardy, da Universidade de Cambridge, ao terminar de escrever umas equações no quadro-negro, voltou-se para seus alunos e disse: "Agora está perfeitamente óbvio...". Aí, mergulhou numa pausa de vários minutos, em meio a um silêncio sepulcral. "É verdade, agora está óbvio", prosseguiu então, satisfeito, sem nenhuma sombra de dúvida. A paixão por sua disciplina levou o professor Hardy ao extremo de afirmar numa conversa com o filósofo Bertrand Russell: "Se eu topasse com uma prova de que você morreria em cinco minutos, é claro que me doeria perdê-lo, mas toda a tristeza seria mais que compensada pela alegria da demonstração matemática".

Não me vem à cabeça nenhuma citação melhor para expressar meu estado de espírito imediatamente antes de enumerar – após tanto circunlóquio e reflexão – a quintessência da questão. Depois de ter escrito com o leitor tantas equações no quadro-negro, o melhor que me ocorre – como ao professor Hardy – é declarar: "Agora está perfeitamente óbvio...", seguindo-se alguns minutos de silêncio antes de continuarmos com a enumeração dos fatores mais significativos nos índices de felicidade.

PRIMEIRO. O fator fundamental é canalizar para a vida cotidiana a mesma emoção que G. H. Hardy encontrava em sua profissão. O *E* de *emoção* multiplicará os demais fatores da fórmula; se for zero, nada terá valor no resto. De certo modo, ele substitui o que eu, no livro *Adaptarse a la marea*, denominava tempo psicológico, indicando que, sem sair do tempo físico comum, era impossível encontrar momentos de felicidade. Comparados a nossos antepassados (que enfrentavam quase sempre realidades geradoras de medo, as quais, para possibilitar a sobrevivência, ativavam seus mecanismos cerebrais de recompensa), os descendentes do *Homo ergaster* se emocionam buscando e descobrindo o Big Bang, aprofundando-se no conhecimento da natureza e de si mesmos. Emociona-me esse projeto ou essa relação? Não há por que necessariamente me emocionar, mas os últimos dados científicos indicam que uma resposta negativa a qualquer intento já determina que este, não importando quão conveniente ou sensato, dificilmente terá impacto significativo nos índices de felicidade.

SEGUNDO. É necessário dedicar mais recursos à manutenção e menos ao investimento. No começo deste capítulo, quando sugeri que a primeira tarefa seria diferenciar entre o importante e o essencial, eu já estava me referindo a esse conceito. O *M* de *manutenção* é, por mérito próprio, o segundo fator que encontra lugar no numerador da fórmula da felicidade. Sua aplicação à vida cotidiana requer uma mudança de estratégia psicológica, mudança essa que consiste em incorporarmos o gosto característico do resto dos animais pelo detalhe, renunciando em parte à preferência humana pela idéia ou pelo conjunto da obra. A pior crítica que os humanos fazem entre si é que "Fulano enxerga a árvore e deixa de ver a floresta". Ora, que sorte a dele! Isso porque, sem enxergar a árvore, não se podem ativar as condutas propícias à manutenção. Com o mesmo objetivo, já existem empresas que estão descobrindo as virtudes do "espírito de médico de família" na relação com os clientes: trato diferenciado e integrado, fundamentado nos detalhes que os demais não vêem.

TERCEIRO. Só vemos e imaginamos o que estamos acostumados a ver. Quando a Lua aparece no horizonte, colada à Terra por cima de uma montanha, nós a vemos maior do que quando está a pino. No entanto, é a mesma Lua, tendo o mesmo tamanho e situada à mesma distância. Mas o cérebro, que sempre tenta nos tranqüilizar, distorce o tamanho da Lua para aproximá-la das proporções às quais estamos acostumados aqui na Terra quando há uma montanha por trás. Por isso, o *B* de *busca constante* daquilo que os demais não vêem é o terceiro fator da fórmula. Na busca e na expectativa é que reside a felicidade. No cotidiano, isso demanda trocar o ensimesmamento pelo espírito multidisciplinar e pela capacidade metafórica. Quanta razão tinha Sydney Brenner, um Nobel de Medicina, ao afirmar que a ignorância dos demais constituíra um grande trunfo para ele – os que nada conheciam do tema em que Brenner costumava ensimesmar-se lhe traziam uma visão diferente e nova que o ajudava em suas pesquisas. Trata-se de ampliar as coordenadas do próprio gráfico de conexões, exercer a capacidade cerebral de busca metafórica a que Steven Mithen (o já citado cientista da pré-história do cérebro que leciona na Universidade de Reading) atribui o grande salto dos hominídeos, aquele que lhes permitiu chegar à arte, à religião e à ciência. No subtítulo dedicado à *carga herdada* (*C*), mencionávamos a singular capacidade dos humanos para, com resultados fisiológicos idênticos aos de vivências reais, imaginar situações futuras de estresse. Por que não desenvolver essa mesma capacidade para imaginar situações que gerem bem-estar?

QUARTO. O prazer, o bem-estar e a felicidade residem mais no processo de busca que na consecução do bem desejado. A respeito disso, é ilustrativa a experiência consensual do Nobel: a melhor maneira de não conseguir esse prêmio consiste em propor-se sistematicamente a obtê-lo. No mais, raros são os ganhadores do Nobel que não recordam ternamente a felicidade que haviam sentido nos duros anos de pesquisa – em contraste com as pressões oficiais posteriores à eleição. A felicidade se esconde na sala de espera da felicidade.

QUINTO. A história dos gatos contada por Walter Gratzer nos conduz à última jóia do repertório de instrumentos da felicidade. Na crescente e quase sufocante bibliografia sobre o tema, existe um consenso acerca do impacto apenas modesto que têm nos níveis de felicidade o que denominamos fatores externos ou grandes mitos. Com uma notável exceção – a das relações interpessoais.

Ainda no berço, buscamos rostos alheios que entoem agudos com os quais possamos nos familiarizar, sobretudo quando os laços maternos tardam a consolidar-se (como ocorre mais freqüentemente do que se está disposto a confessar). Pouco depois, muito rapidamente, os neurônios-espelhos possibilitarão imitar e executar os movimentos de outros, aprendendo com os demais. Há alguns anos, a psicóloga e escritora americana Judith Rich Harris, após ter provocado grande rebuliço ao sugerir que a educação dada pelos pais influía muito pouco no futuro a longo prazo dos filhos (em comparação com a influência dos amigos de turma), afirmava que "temos, isto sim, grande influência no presente deles, podendo fazê-los tremendamente infelizes". Dir-se-ia que, à medida que passam os anos, aumenta a vulnerabilidade que se origina das inter-relações sociais. O caso mais extremo é o do amor e sua dependência.

Antes de falarmos do amor no contexto da felicidade, é preciso evitarmos a discussão em torno da beleza, que supostamente o desperta. Os psicólogos evolutivos já resolveram esse problema, oferecendo-nos provas abundantes: a beleza é um indicador da saúde. Com a cauda aberta, o pavão está dizendo à fêmea: "Sou fabuloso, estou incrivelmente saudável, tenho genes fantásticos, graças aos quais consegui resistir aos parasitas". Ou, talvez: "Simplesmente tive sorte, mas o fato é que estou mesmo com uma saúde incrível". Muito provavelmente, é isso o que o pavão diz à fêmea, porque é certo que, num ambiente de escassez, a cauda do pavão perde seu esplendor e, ainda assim, as fêmeas continuam seduzidas somente pelas caudas saudáveis, como muitos experimentos vieram corroborar.

Pois bem: o que acontece com os humanos? O que seria a nossa cauda de pavão? O geneticista Armand Marie Leroi, profundo conhecedor das tormentas mutacionais do ser humano, tem uma resposta. "É cada vez mais provável que ela seja o nosso rosto", disse-me há alguns meses, numa longa conversa em seu laboratório na Inglaterra. "Quando julgamos a beleza de alguém, a primeira coisa que olhamos é a cara!"

Não é certo que o rosto seja o espelho da alma, mas todos os médicos estão de acordo em que a cara é uma parte do corpo muito complicada, onde os olhos, o nariz e as marcas cutâneas refletem quase todas as doenças ocasionais ou ambientais. Leroi vai mais longe e lembra que quase todos os distúrbios genéticos também deixam vestígios no rosto:

> A beleza, embora mal estejamos cônscios disto, é a ausência de erro. Não é uma qualidade em si, e sim a ausência de vicissitudes na vida, de mutações refletidas no rosto. De vez em quando, vemos alguém que escapou delas e dizemos que essa pessoa encarna a beleza.

O escritor francês Stendhal dizia que "a beleza é a promessa de felicidade", mas acredito que a beleza seja mais propriamente a ausência de dor, ou da lembrança da dor.

O certo é que, neste instante exato, o leitor já intuiu por que citei um autor e uma lembrança de conversa que, à primeira vista, poderiam parecer fora de contexto: se a beleza é a ausência de dor, então se torna mais crível a tese principal deste livro – de que a felicidade, tão intimamente vinculada à beleza, é a ausência de medo. Já estamos, portanto, preparados para falar do amor, que afeta tantas relações interpessoais e influencia tanto os níveis de felicidade – em grau muito maior que o trabalho, a educação, a saúde ou o fato de pertencer a determinado grupo étnico.

Uma equipe de cientistas dirigidos por Helen Fisher (Universidade Rutgers) submeteu um grupo de pessoas apaixonadas a exames de ressonância magnética. Assim como no caso da música e da arte, os resultados confirmaram o que era de esperar. Os circuitos cerebrais ativados das pessoas loucamente apaixonadas se localizavam em duas zonas do cérebro primordial: o núcleo caudado e a área ventral tegumentar, ou seja, as partes integrantes do mecanismo de motivação e recompensa. Na raiz do amor romântico, havia também doses significativas de secreções hormonais de dopamina.

Os experimentos confirmaram que, dessa vez, a sabedoria popular acertara ao dizer que "Com o amor não se brinca"; e que, quando se brinca com ele, é preciso estar consciente de que não se trata de algo desimportante. Está-se falando de um instinto básico, o qual percorre os conhecidos circuitos neuronais do prazer, com o objetivo intermediário de ajudar a concentrar numa pessoa todos os esforços de sedução que, de outra maneira, poderiam dispersar-se sem alcançar o objetivo último da perpetuação da espécie. No mais, não parece que a ativação simultânea da mesma região cerebral ativada pelo sabor do chocolate constitua dado suficiente para adjetivar como viciante o amor romântico. A inexplicável proliferação dos casos de violência doméstica teria assim uma explicação, mas é muito mais provável que essa mácula social tenha suas origens em outras emoções básicas, como a ira alimentada por altas doses de dopamina ou, simplesmente, a falta psicótica de empatia.

Hoje em dia, o peso das relações interpessoais nos níveis de felicidade recebe atenção especial por causa da interconectividade planetária imposta pela tecnologia da informática e das comunicações. Ainda não se consegue decifrar o sentido dos grandes conjuntos ordenados nem, menos ainda, o do impacto deles nos mecanismos neurológicos básicos. Quando se analisa a história da ciência, descobre-se que ela está dominada por certo reducionismo que apareceu no século XVIII. Os biólogos estudavam a vida; os físicos, os átomos; e os químicos, as substâncias naturais e sintéticas. Mas, quando se observa a natureza, nunca se vêem as partículas mencionadas de forma individual: as células, as proteínas ou os quarks sempre funcionam inter-relacionando-se. Agora que se sabe tanto sobre as peças separadamente, chegou o momento de entender como elas funcionam juntas.

As novas teorias das redes tentam justamente isso. Uma de suas primeiras descobertas foi o conceito do "mundo pequeno", graças ao qual (e ao mecanismo da rede de redes) o número de passos necessários para interconectar quaisquer duas pessoas no planeta não passa de vinte. As pessoas estão hoje muito mais perto umas das outras que em toda a história anterior da evolução. Como é que o cérebro emocional gerencia essa repentina ultra-exposição das relações interpessoais? Será menos difícil responder a isso se peritos como Albert-Lázló Barabási (professor da Universidade Notre Dame, em Indiana) tiverem razão em afirmar que, na natureza, pode-se constatar uma estranha necessidade de ordem, em vez do caos em que aparentemente vivemos. Trata-se não só de descobrir essa ordem, mas também de compreendê-la e utilizá-la. O que aparentava ser caos e desordem não era mais que ignorância das inter-relações das coisas e das pessoas, como veremos ao final deste processo.

Que ninguém se iluda: as relações interpessoais têm peso muito maior que o do clima nos índices de felicidade (está comprovado, por exemplo, que os habitantes da Sicília não são mais felizes que os da Groenlândia). Por isso, elas figuram com a inicial *P* (de *relações pessoais*) no espaço estelar da fórmula da felicidade.

Quadro 2
Fatores que incidem sobre o nível de felicidade

FATORES REDUTORES (*R*)
Ausência de desaprendizado
Recurso à memória grupal
Interferência nos processos automatizados
Predomínio do medo

CARGA HERDADA (*C*)
Mutações lesivas
Desgaste e envelhecimento
Exercício perverso do poder político
Estresse apenas imaginado

FATORES SIGNIFICATIVOS (*S*)
Emoção no início e no final do projeto (*E*)
Manutenção e atenção ao detalhe (*M*)
Fruição da busca e da expectativa (*B*)
Relações pessoais (*P*)

A FÓRMULA DA FELICIDADE

No quadro 2, o leitor encontrará os fatores que dão sustentação à fórmula final da felicidade. Quando se seguir a ordem apontada anteriormente, o divisor da fórmula que procede do quadro 2 virá dado pela soma dos fatores redutores e da carga herdada. Daqui a alguns anos, o sistema educacional ensinará às crianças que o primeiro passo na busca do bem-estar consiste em aliviar o denominador constituído pelos fatores redutores e pela carga herdada. Mediante cálculos ponderados, as crianças descobrirão em cada caso particular o peso exato do poder divisório do que não desaprenderam ainda; a influência nefasta da doutrinação grupal; o grau de desconfiança delas em relação aos processos automáticos; e em que medida seu medo emocional supera as exigências do estado de alerta necessário à sobrevivência.

Para completarem o denominador da fórmula, elas medirão sua carga mutacional particular; o grau de transparência e de participação no sistema político em que lhes coube viver; e, por último, a própria disposição a imaginarem o bem-estar futuro, e não só as situações de estresse. Será muito provável que tal estudo, junto com os respectivos exercícios, lhes tome um ano escolar inteiro.

$$\text{Felicidade} = \frac{\qquad}{R + C}$$

O aprendizado do numerador será mais difícil. As crianças assimilarão que seus pais denominavam "forma racional de pensar" uma relíquia milenar e que as emoções, longe de representarem a perversidade, exigem que nos aprofundemos em seu conhecimento e as entendamos uma a uma. Mediante experimentos práticos, as crianças serão ensinadas a colocar-se no lugar de outrem, a ter empatia e a descobrir tanto a emoção que lhes impulsiona as atividades quanto a que as leva a tomar uma decisão em vez de outra. Por meio do conhecimento emocional, aprenderão a ver simultaneamente o todo da floresta e os detalhes da árvore. No final do ano, saberão que a emoção é o multiplicando do numerador e que sem emoção não há nada. O estudo das emoções lhes tomará outro ano escolar.

$$\text{Felicidade} = \frac{E(\ )}{R + C}$$

No terceiro ano, adquirirão conhecimento e experiência suficientes para resolver nesses dois semestres todo o conteúdo dos parênteses. Descobrirão que os recursos são limitados e que as plantas, os bichos e as pessoas requerem atenção constante e diferenciada. Ao brincarem de esconde-esconde, avaliarão suas constantes pessoais antes, durante e depois, para que possam constatar que os momentos mais felizes e criativos foram os da busca. Através de experimentos benévolos com mofos mucilaginosos, ratos, gatos, aves e formigas, perceberão o impacto da comunicação e da vida social. Acabarão tendo a fórmula da felicidade na memória de longo prazo – e, como mostrávamos nos capítulos anteriores, para sempre.

$$\text{Felicidade} = \frac{E(M + B + P)}{R + C}$$

Com essas bases rudimentares sobre a ciência do bem-estar, já estarão preparadas para aprofundar-se no estudo das demais ciências do conhecimento, como a gramática de diferentes linguagens (aí incluídas a música e a arte); a informática e as telecomunicações; a imensidão do vazio que rodeia tanto os corpos celestes quanto as partículas quânticas; ou a vastidão da vida microbiana que nos precedeu e que sobreviverá a nós.

Londres, agosto de 2005

Agradecimentos

Não tenho como indicar os nomes dos muitos amigos cientistas que me sugeriram a idéia de escrever este livro – a maioria deles já figura na reduzida bibliografia que acompanha o texto.

Mas não posso nem quero deixar de mencionar, antes de tudo, uma colaboração inestimável já em pleno fragor do processo de redação: os estudos de filosofia e música na Universidade de Oxford e na Manhattan School of Music, junto com a longa experiência no grupo editorial Anaya e na Sociedad General de Autores y de Editores (Espanha), conspiraram para que a contribuição de Elsa Punset fosse muito além da simples assistência profissional.

Meus agradecimentos à bióloga Mercè Piqueras, membro do grupo de ecogenética microbiana dirigido pelo professor Ricardo Guerrero, do departamento de microbiologia da Universidade de Barcelona, são motivados tanto pela tarefa de revisão do manuscrito quanto pelas colaborações prévias e pelos múltiplos encontros que tivemos sempre que a vontade de estimular a compreensão pública da ciência se cruzou com o desejo de aprender.

O mesmo ocorre com Javier Tejada, catedrático de física da Universidade de Barcelona, que ainda aceitou conciliar a leitura do manuscrito com suas férias de verão.

Por fim, o capítulo 7, dedicado às emoções programadas ou atalhos para a felicidade, deve muito à inteligência e ao método do casal de bioquímicos e pesquisadores Gustavo Bodelón e Celina Costas.

Quanto ao livro – tal qual ele chega às mãos do leitor –, eu gostaria de expressar meus agradecimentos, como em ocasiões anteriores, a Mauricio Bach, das Ediciones Destino, por ter tornado criativa a relação entre autor e editor, habitualmente impregnada de descargas emocionais; e, também como em outras ocasiões, a Begoña Barrabés, na produtora científica Smart Planet, pelo trabalho de promoção de *Viagem para a felicidade*.

Sugestões bibliográficas

Capítulo 1

Csikszentmihaly, Mihaly. *Finding flow:* the psichology of engagement with everyday life. New York: Basic Books, 1997.

de Grey, Audrey D. B. J. *The foreseeability of real anti-aging:* focusing the debate. Cambridge: University of Cambridge, Department of Genetics, 2003.

Gee, Henry. *Jacob's ladder:* the history of the human geno-me. London: Fourth Estate, 2004.

Kirkwood, Tom. *The end of age*. London: Profile, 1999.

Rees, Martin. *Our final century:* will the human race survive the twenty-first century? London: Heinemann, 2003. [Ed. brasileira: *Hora final*: alerta de um cientista. São Paulo: Companhia das Letras, 2005.]

Walton, Stuart. *Humanity:* an emotional history. London: Atlantic, 2004.

Capítulo 2

Bonner, John T. *The evolution of culture in animals*. Princeton: Princeton University Press, 1980.

Darwin, Charles. *The experience of emotions in man and animals*. Introduction by Paul Ekman. London/New York: HarperCollins, 1998. [Ed. brasileira: *A expressão das emoções no homem e nos animais*. São Paulo: Companhia das Letras, 2000.]

Grandin, Temple & Johnson, Catherine. *Animals in translation:* using the mysteries of autism to decode animal behavior. New York: Scribner, 2005. [Ed. brasileira: *Na língua dos bichos*. Rio de Janeiro: Rocco, 2006.]

Wilson, Edward O. *Naturalist*. New York: Warner, 1995. [Ed. brasileira: *Naturalista*. Rio de Janeiro: Nova Fronteira, 1997.]

Wright, Robert. *Moral animal:* why we are the way we are – the new science of evolutionary psychology. New York: Vintage, 1994. [Ed. brasileira: *O animal moral*. Rio de Janeiro: Campus, 2005.]

Capítulo 3

Damásio, António. *Looking for Spinoza*. New York: Harvest, 2003. [Ed. brasileira: *Em busca de Spinoza*: prazer e dor na ciência dos sentimentos. São Paulo: Companhia das Letras, 2004.]

EVANS, Dylan. *Emotions, the science of sentiment*. London/New York: Oxford University Press, 2001.

LEROI, Armand Marie. *Mutants:* on genetic variety and the human body. Harmondsworth: Penguin, 2003.

ROSE, Steven. *The making of memory, from molecules to mind*. New York: Anchor, 1993.

SACKS, Oliver. *The man who mistook his wife for a hat*. New York: Simon & Schuster, 1985. [Ed. brasileira. *O homem que confundiu sua mulher com um chapéu*. São Paulo: Companhia das Letras, 1997.]

CAPÍTULO 4

BARON-COHEN, Simon. *The essential difference:* forget Mars and Venus and discover the truth about the opposite sex. Harmondsworth: Penguin, 2004. [Ed. brasileira: *Diferença essencial:* a verdade sobre o cérebro de homens e mulheres. Rio de Janeiro: Objetiva, 2004.]

GREGORY, Richard. *Illusion:* making sense of the senses. London/New York: Oxford University Press, 2002.

LEDOUX, Joseph. *Synaptic self: how our brains become who we are*. Harmondsworth: Penguin, 2003.

LLINÁS, Rodolfo. *I of the vortex:* from neurons to self. Montgomery (Vermont): Bradford, 2001.

WOLPERT, Lewis. *Malignant sadness:* the anatomy of depression. London: Faber, 1999. [Ed. brasileira: *Tristeza maligna:* a anatomia da depressão. São Paulo: Martins Fontes, 2003.]

Capítulo 5

Barash, David P. *The survival game:* how game theory explains the biology of cooperation and competition. New York: Holt, 2003.

Dennett, Daniel. *Consciousness explained*. Boston: Black Bay, 1992.

Kahneman, Daniel & Tversky, A. *Choices, values and frames*. Cambridge: Cambridge University Press, 2000.

Gilbert, Daniel & Watson, T. Miswanting: some problems in the forecasting of future affective states. In: J. Forgas (ed.). *Feeling and thinking*. Cambridge: Cambridge University Press, 2001.

Margulis, Lynn & Sagan, Dorion. *What is life?* Berkeley/Los Angeles: University of California Press, 2000. [Ed. brasileira: *O que é vida?* Rio de Janeiro: Zahar, 2002.]

Marina, José Antonio. *Teoría de la inteligencia creadora*. Barcelona: Anagrama, 1998. [Ed. portuguesa: *Teoria da inteligência criadora*. Lisboa: Caminho, 1995.]

Seligman, Martin. *Authentic happiness*. New York: Free Press, 2002. [Ed. brasileira: *Felicidade autêntica*. Rio de Janeiro: Objetiva, 2004.]

Strogatz, Steven. *Sync:* the emerging science of spontaneous order. Harmondsworth: Penguin, 2003.

Wright, Robert. *Non zero growth:* history, evolutions & human cooperation. Boston: Little, Brown, 2001.

Capítulo 6

Dawkins, Richard. *A devil's chaplain:* reflections on hope, lies, science, and love. Boston: Houghton Mifflin, 2003. [Ed. brasileira: *O capelão do diabo:* ensaios escolhidos. São Paulo: Companhia das Letras, 2005.]

Ekman, Paul. *Emotions revealed:* understanding faces and feelings. London: Phoenix, 2003.

Frey, Bruno & Stutzer, Alois. *Happiness and economics:* how the economy and institutions affect well-being. Princeton: Princeton University Press, 2002.

Layard, Richard. *Happiness:* lessons from a new science. London: Allen Lane, 2005.

Punset, Eduardo. *Cara a cara con la vida, la mente y el universo:* conversaciones con los grandes científicos de nuestro tiempo. Barcelona: Destino, 2004.

Sapolsky, Robert. *Why zebras don't get ulcers?* New York: Owl, 1994.

Capítulo 7

Blood, Anne & Zatorre, Robert J. *Proceedings of the National Academy of Sciences*. Sept. 25, 2001, v. 98, n. 20.

Edelman, Gerald M. & Tononi, Giulio. *A universe of consciousness:* how matter becomes imagination. New York: Basic Books, 2000.

Goldstein, Avram. Music/endorphin link. *Brain/Mind Bulletin*, Stanford, January 21, 1984/February 11, 1984.

Mithen, Steven. *The singing Neanderthals:* the origins of music, language, mind and body. London: Weindenfeld & Nicholson, 2005.

Pinker, Steven. *How the mind works*. New York: Norton, 1997. [Ed. brasileira: *Como a mente funciona*. São Paulo: Companhia das Letras, 1998.]

Rock, Andrea. *The mind at night:* the new science of how and why we dream. New York: Basic Books, 2004.

Capítulo 8

Barabási, Albert-László. *Linked.* Harmondsworth: Penguin, 2003.

Bernstein, Jeremy. *The life it brings:* one physicist's beginnings. Boston: Houghton Mifflin, 1989.

Campbell, Stuart. *Watch me grow*. London: Carroll & Brown, 2004. [Ed. brasileira: *A vida secreta do bebê*. São Paulo: CMS, 2004.]

Fisher, Helen. *Why we love:* the nature and chemistry of romantic love. New York: Holt, 2004. [Ed. brasileira: *Por que amamos*. Rio de Janeiro: Record, 2006.]

GRATZER, Walter. *Eurekas and euphorias:* the Oxford book of scientific anecdotes. London/New York: Oxford University Press, 2002.

HARDY, G. H. *A mathematician's apology*. Cambridge: Cambridge University Press, 1992. [Ed. brasileira: *Em defesa de um matemático*. São Paulo: Martins Fontes, 2000.]

PUNSET, Eduardo. *Adaptarse a la marea:* la selección natural en los negocios. Madrid: Espasa Calpe, 2004.

A Editora Academia de Inteligência,
agora associada à Editora Planeta do Brasil,
agradece muito especialmente a você que,
como poeta da vida, tem difundido nossos
livros aos amigos, parentes, na sua empresa.
Receberemos com muito prazer toda e
qualquer mensagem, comentário, opinião,
que julgue oportunos.
Teremos o nosso sonho realizado
se soubermos que sua vida ganhou um novo
significado a partir da leitura deste livro.

Visite nossos sites:

Este livro foi composto
em Janson Text para Editora
Academia de Inteligência em janeiro de 2007